LECTURAS  JÓVENES Y

Las Lecturas ELI son una completa
gama de publicaciones para lectores
de todas las edades, que van desde
apasionantes historias actuales a los
emocionantes clásicos de siempre.
Están divididas en tres colecciones:
Lecturas ELI Infantiles y Juveniles,
Lecturas ELI Adolescentes y Lecturas
ELI Jóvenes y Adultos. Además de
contar con un extraordinario esmero
editorial, son un sencillo instrumento
didáctico cuyo uso se entiende de forma
inmediata. Sus llamativas y artísticas
ilustraciones atraerán la atención de los
lectores y les acompañarán mientras
disfrutan leyendo.

FSC
www.fsc.org
MIXTO
Procedente de
fuentes responsables
FSC® C019318

El Certificado FCS garantiza que el papel usado en esta publicación proviene de bosques certificados, promoviendo así una gestión forestal responsable en todo el mundo.

Para esta serie de lecturas graduadas se han plantado 5000 árboles.

Fernando de Rojas

La Celestina

Reducción lingüística, actividades y reportajes
de Raquel García Prieto

Ilustraciones de Felicita Sala

LECTURAS EH JÓVENES Y ADULTOS

La Celestina
Fernando de Rojas
Reducción lingüística, actividades y reportajes de Raquel García Prieto
Control lingüístico y editorial de Adriana Consolo
Ilustraciones de Felicita Sala

Lecturas ELI
Ideación de la colección y coordinación editorial
Paola Accattoli, Grazia Ancillani, Daniele Garbuglia (Director de arte)

Proyecto gráfico
Sergio Elisei

Compaginación
Gianluca Rocchetti

Director de producción
Francesco Capitano

Créditos fotográficos
Olycom, Shutterstock

© 2011 ELI s.r.l.
P.O. Box 6
62019 Recanati MC
Italia

T +39 071750701
F +39 071977851

info@elionline.com
www.elionline.com

Font utilizado 11,5/15 puntos Monotipo Dante

Impreso en Italia por Tecnostampa Recanati – ERA 305.01
ISBN 978-88-536-0661-7

Primera edición Febrero 2011

www.elireaders.com

Sumario

Estos iconos señalan las partes de la historia que han sido grabadas.

Empezar ▶ **Parar** ■

PERSONAJES PRINCIPALES

Calisto

Lucrecia

Melibea

Celestina

Comprensión auditiva

▶ 2 **1 Escucha el Acto I y di si estas frases son verdaderas o falsas.**

		V	F
1	Calisto es un muchacho pobre.	☐	☐
2	Melibea trabaja en un jardín.	☐	☐
3	Calisto se enamora de Melibea.	☐	☐
4	Celestina y Elicia viven juntas.	☐	☐
5	Crito es el marido de Elicia.	☐	☐
6	Celestina dice siempre la verdad.	☐	☐
7	Sempronio es un criado fiel.	☐	☐
8	Pármeno conoce a Celestina.	☐	☐

Vocabulario

2 Vas a leer estas palabras en el Acto I. Únelas con su significado.

1 ☐ dicha
2 ☐ alcoba
3 ☐ laúd
4 ☐ herejía
5 ☐ hechicera
6 ☐ mozo
7 ☐ balido
8 ☐ alacrán

a instrumento musical de cuerda pequeño y oval
b muchacho joven / sirviente que hace trabajos modestos
c sonido que hace la voz de las ovejas
d mujer que practica la brujería
e creencia o frase que no respeta los dogmas de una religión
f pequeño arácnido con una cola que termina en un aguijón venenoso (escorpión)
g habitación destinada a dormir
h sinónimo de felicidad

Gramática

3 Este fragmento es una parte de un diálogo entre Celestina y Pármeno. Complétalo con los siguientes verbos en su forma correcta del presente de indicativo.

> merecerse • alegrar • tener • sufrir • vencer • amar • responder
> haber • suceder • ser

«Me _____ tener esta oportunidad para hablarte del amor que te _____ y que no _____, por lo que te he oído decir. Pero todo lo olvido. Sabes que Calisto _____ por amor, pero no debes juzgarle débil por ello: el amor todo lo _____. Por si no lo sabes, _____ dos conclusiones verdaderas: la primera, que inevitablemente los hombres _____ a las mujeres y las mujeres a los hombres. La segunda, que quien ama de veras se debe turbar con la dulzura del amor, ya que fue el mismo Dios quien lo creó para perpetuar el linaje de los hombres. Y no solo _____ a los humanos, que igual _____ en los peces, las bestias, las aves, los reptiles y hasta en las plantas hay machos y hembras. ¿Qué me _____ a esto, Pármeno?»

Expresión escrita

4 En el fragmento que has escuchado, has conocido a algunos personajes. Imagina cómo son y haz una breve descripción de dos de ellos. Aquí tienes algunos ejemplos de adjetivos y expresiones que puedes usar.

> Celestina • Calisto • Melibea • Sempronio

> alto • bajo • delgado • gordo • guapo • feo • pelo largo/corto/rubio/
> moreno • ojos azules/castaños simpático • romántico • valiente •
> sincero • traidor • astuto • rico • pobre • alegre

_____
_____
_____
_____
_____
_____

Acto I

▶ 2 Mientras iba en pos de* un halcón que se le había escapado, el joven Calisto entró un día en una huerta donde descubrió a Melibea, única hija del noble Pleberio. Al verla, quedó inmediatamente prendado de ella.

—Melibea, veo la grandeza de Dios en la hermosura perfecta que te ha donado la naturaleza y en el milagro que me ha traído hasta este lugar para mostrarte mi secreto dolor. Ni siquiera los santos gozan en el cielo tanto como yo contemplándote. Mas, ¡ay!, ellos disfrutan de su dicha sin miedo, mientras yo temo el tormento de tu rechazo.

Melibea, no esperándose tal atrevimiento por parte de un joven desconocido, se enfureció enormemente, lo rechazó y con duras e irónicas palabras lo alejó de sí. Calisto, desesperado, regresó a casa y se encerró en su alcoba, que su criado Sempronio ya le había preparado. Como Sempronio le vio tan airado y compungido*, no supo qué hacer: por una parte quería consolarle para no dejarle cometer una locura, pero por otra temía su ira. Por fin se decidió a entrar y, tocando el laúd*, cantó así:

> *Mira Nerón de Tarpeya*
> *a Roma cómo se ardía:*
> *gritos dan niños y viejos*
> *y él de nada se dolía.*

Oyendo este cantar, Calisto confesó que el fuego que le abrasaba era aún mayor que el de Roma, y que Melibea era más despiadada que Nerón. Su tormento era como el de las ánimas en el purgatorio: por

---

en pos de siguiendo
compungido triste, desolado

laúd instrumento musical de cuerda

eso prefería que su espíritu acompañara al espíritu de los animales. «Yo no soy cristiano. ¡Soy Melibeo! En Melibea creo y a Melibea amo!» Sempronio, creyéndole loco y burlándose, le reprochó por su herejía, pero sabía de qué pie cojeaba* su amo* y prometió ayudarlo. Primero intentó denigrar a las mujeres, describiendo sus engaños, su mala lengua, su soberbia y su poco seso*, poniéndolas como causa de perdición del hombre, primera entre ellas Eva, que echó a Adán del paraíso. Luego exaltó el ingenio, el donaire*, la fuerza y la belleza que los astros habían donado a su amo, que era amado por todos. Mas Calisto no quería oír razones y, muy a pesar de Sempronio, que ya bostezaba aburrido, describió embelesado la hermosura de Melibea: su nobleza, su alto linaje*, sus virtudes, sus rubios cabellos, el verde de sus ojos y sus delgadas cejas, los labios rojos y gruesos, su alto pecho y su blanca piel, por no hablar de la indescriptiblemente bella figura que sin duda ocultaban sus vestiduras.

Sempronio prometió ayudarle a conseguirla ya que, viéndola con los ojos y no con la imaginación, acabaría dándose cuenta de su error. Le traería a una vieja hechicera llamada Celestina, astuta y tan experta alcahueta* que era capaz de provocar lujuria hasta en las duras peñas. Y, sin más tardar, se despidió de Calisto y fue en busca de Celestina.

En casa, Celestina vio llegar a Sempronio y se dio prisa en avisar a Elicia, que estaba en la cama con Crito.

—¡Elicia! ¡Que viene Sempronio! ¡Corre, mete a Crito en el cuarto de las escobas y dile que viene tu primo!

Tras esconder a su amante, Elicia se asomó a las escaleras y fingió estar sorprendida y enfadada con Sempronio, pues hacía tres días que no iba a verla. Astutamente le desafió diciéndole que había estado

de qué pie cojeaba cuál era su punto débil
amo señor que tiene a su servicio a uno o más criados
poco seso poca inteligencia

donaire atractivo
linaje antepasados de una persona
alcahueta mujer que concertaba citas y arreglaba amores ilícitos

arriba con otro; él amenazó con subir a averiguarlo, pero Celestina lo apaciguó:

—Anda, deja a esa loca, que está turbada por tu ausencia. Arriba solo hay una moza que me encomendó un fraile. Hablemos, no dejemos pasar el tiempo en balde*.

—Madre mía*, coge el manto y vámonos: por el camino sabrás algo que nos traerá provecho.

Por el camino, Sempronio dijo a Celestina que Calisto ardía en amores de Melibea y les necesitaba para conseguirla; de esta situación podrían aprovecharse ambos. «¡Me alegro de estas nuevas como los cirujanos de los descalabrados!», replicó Celestina; y prometió alargar la situación al máximo para sacarle todo el partido posible.

Llegaron por fin y llamaron a la puerta de Calisto, que estaba en casa con su otro criado Pármeno.

—Señor, Sempronio y una puta vieja muy pintada llaman a la puerta. Pero no te enojes si la llamo así. Igual que a ti te llaman diestro caballero, a ella todo el mundo, incluso el ladrido de los perros, el canto de las aves, el balido de los ganados y hasta el martillo de los herreros le dicen «¡Puta vieja!» cuando pasa, y ella vuelve la cabeza y responde alegre.

Pármeno había conocido a Celestina cuando era niño porque había estado algún tiempo a su servicio como criado. Celestina tenía seis oficios: costurera, perfumera, maestra de hacer afeites* y de reparar virgos, alcahueta y un poquito hechicera. El primero servía para ocultar los otros, así que con esta excusa en su casa entraban criadas con regalos que robaban a sus señoras para coser no solo camisas sino también para repararse otras cosas. Era amiga de estudiantes, despenseros y mozos de abades; a ellos vendía la sangre

---

en balde de forma inútil, sin resultado
madre mía término que se usaba para referirse a cualquier mujer anciana

afeites cosméticos

inocente de esas cuitadas*, que aceptaban con la promesa de volver a tener la virginidad. Luego, a través de ellas, llegaba a casa de sus señoras. Tenía su casa llena de alambiques y frascos; hacía destilados, pomadas, ungüentos, polvos y cremas para la cara con plantas, flores, raíces, grasas y mantecas. Preparaba lejías para enrubiar el cabello, y perfumes de todo tipo.

Acudían a ella hombres y mujeres para remediar el mal de amores y despertar las pasiones, y con cada uno usaba un tratamiento. Usaba lengua de víbora, sesos de asno, soga de ahorcado, espina de erizo y otras mil cosas; a unos les pedía unos cabellos, a otros les pintaba letras en la mano, o daba corazones llenos de agujas. Y todo era burla y mentira.

—Está bien —respondió Calisto—, déjalo ya y abramos; no impidas mi felicidad con tus bien intencionados consejos. Y no envidies a Sempronio, porque tengo tanta confianza en ti como en él. Y si a él le regalé un jubón por su servicio, para ti habrá un sayo.

Mientras bajaban a abrir les oyó Celestina y exclamó en voz alta, de acuerdo con Sempronio, para hacerse oír:

—¡Déjame Sempronio, no me importunes más, que sientes tanto la pena de tu amo que parecéis una sola persona! Debes creerme: estoy aquí para resolver este asunto o morir en el intento.

Desde el interior, Calisto les escuchó con enorme gozo; pero Pármeno, adivinando las intenciones de Celestina, le recomendó prudencia: no debía creer ciegamente en aquellas lisonjeras* palabras, pronunciadas solamente porque les había oído bajar las escaleras. Oyéndolo desde fuera, Sempronio se enfureció y lo acusó de traidor. Pero Celestina lo calmó y urdió un plan para ganarse a Pármeno: si le

cuitadas pobrecillas, inocentes engañadas
lisonjeras palabras aduladoras, para obtener algún fin

prometían una parte de sus ganancias, estaría sin duda de su parte.

Por fin la puerta se abrió y Calisto recibió a Celestina con grandes gestos, se deshizo en elogios hacia ella, le besó las manos y se arrodilló ante la que habría de ser la salud de su pasión, el reparo de su tormento y la resurrección de su muerte. Celestina, desconfiada y molesta, susurró a Sempronio:

—¡Yo no vivo de reverencias! El necio de tu amo piensa darme a comer los huesos que ya roí*; dile que cierre la boca y abra la bolsa. Dudo yo de las obras, conque imagina de las palabras.

Calisto intuyó lo que quería Celestina y se fue con Sempronio a coger un regalo con el que mitigar las dudas de la alcahueta; los dos se fueron dejando solos a la mujer y a Pármeno. Sin más tardanza, Celestina se acercó a él:

—Me alegra tener esta oportunidad para hablarte del amor que te tengo y que no te mereces, por lo que te he oído decir. Pero todo lo olvido. Sabes que Calisto sufre por amor, pero no debes juzgarle débil por ello: el amor todo lo vence. Por si no lo sabes, hay dos conclusiones verdaderas: la primera, que inevitablemente los hombres aman a las mujeres y las mujeres a los hombres. La segunda, que quien ama de veras se debe turbar con la dulzura del amor, ya que fue el mismo Dios quien lo creó para perpetuar el linaje de los hombres. Y no solo sucede a los humanos, que igual es en los peces, las bestias, las aves, los reptiles y hasta en las plantas hay machos y hembras. ¿Qué me respondes a esto, Pármeno? ¡Locuelo, angelico! No sabes nada del mundo y sus deleites, pero ya tienes la voz grave y te apunta la barba... ¡inquieta debes tener la punta de la barriga!

—¡Como cola de alacrán!

—Peor, porque esa muerde sin hinchar y la tuya hincha por nueve meses.

---

darme a comer los huesos que ya roí quiere engañarme con tretas que ya conozco por experiencia

—¡Ji, ji, ji! Calla madre, no me hagas reír, y no me tengas por inexperto. Amo a Calisto porque le debo fidelidad por crianza, por beneficios, porque es honrado y porque me trata bien. Lo veo perdido y no hay nada peor que ir tras un deseo sin esperanza. Sobre todo siguiendo los consejos vanos de ese bruto de Sempronio. No soporto verlo sufrir, ¡me entran ganas de llorar!

Cuando Celestina intentó convencerle de que era demasiado tarde, porque Calisto ya estaba enfermo de amor, y la única que podía salvarlo era ella, Pármeno le descubrió que la conocía y sabía cómo trabajaba, ya que era el niño que había estado a su servicio años atrás.

—¡Jesús, Jesús! ¿Eres el hijo de la Claudina? ¡Mal fuego te queme, que tan puta era tu madre como yo! Pero ahora dejemos las bromas y escúchame, que aunque me han llamado para una cosa, en realidad vengo para otra. Aunque fingí que no te conocía vine por tu causa. Cuando te separaste de mí, tu padre vivió con la angustia de no saber de ti; antes de morir me llamó y me encomendó tu cuidado y un secreto que te debía revelar cuando seas mayor de edad: el lugar donde escondió tal cantidad de oro que sobrepasa la renta de Calisto. Y aquí estoy para cumplir lo prometido cuando llegue el momento. Por ahora sigue sirviendo a tu amo, pero sin necia lealtad: ellos, como la sanguijuela que saca sangre, son desagradecidos, se olvidan de los servicios y niegan recompensas. Hijo mío, se nos presenta el momento de obtener beneficio, y te será de gran provecho ser amigo de Sempronio.

Pármeno no sabía qué hacer: por una parte se convenció de sus palabras y por otra respetaba a su amo; sobre todo no quería tener bienes mal ganados, quería vivir sin envidias y sin sobresaltos.

—¡Oh, hijo! La prudencia es de viejos, y tú eres aún un mozo. Debes saber que la fortuna ayuda a los osados. Y además, en la desgracia el remedio se encuentra siempre en los amigos. La amistad con Sempronio te conviene, por provecho y por deleite*: sois mozos y podéis jugar, comer, beber y negociar amores. ¡Si quisieras, qué vida gozaríamos! Sempronio ama a Elicia, prima de Areúsa.

Al oír el nombre de Areúsa, Pármeno se emocionó y confesó a Celestina lo mucho que le gustaba la muchacha. Celestina no perdió tiempo, habiendo alcanzado el punto débil del mozo: le prometió que le conseguiría a Areúsa. Él no se fiaba, tenía miedo y la avaricia y lujuria de Sempronio eran para él solo malos vicios que no lo harían más virtuoso. Tenía miedo de dejarse corromper por las promesas de Celestina. Ella, pícara, le describió las alegrías del placer compartido con los amigos, sobre todo en amor: las confidencias sobre los besos y los abrazos dados, los balcones alcanzados en la noche, las emboscadas a las muchachas urdidas en compañía. Todos estos consejos se los daba como a un hijo, decía: algo que él nunca le pagaría, porque nunca los hijos recompensan a los padres por lo hecho. Pármeno, por fin convencido, pidió perdón por su desconfianza y prometió obedecer en todo. Se acercaron en este momento Sempronio y Calisto, que traía una bolsita.

—Madre, mis infortunios son tales que me maravillo de estar aún vivo. Acepta esta dádiva*; con ella te ofrezco la vida.

Agradeciendo aquellas cien monedas de oro, Celestina se despidió y salió de la casa.

---

deleite gozo, disfrute
dádiva regalo

ACTIVIDADES

Comprensión lectora

1 Marca la respuesta correcta.

1 Sempronio y Pármeno son:

A ☐ amigos de Calisto.
B ☐ primos de Calisto.
C ☐ criados de Calisto.

2 Sempronio dice a Calisto que:

A ☐ las mujeres son malas y mentirosas.
B ☐ las mujeres son muy sabias.
C ☐ a las mujeres hay que respetarlas.

3 Cuando llegó Sempronio, Elicia:

A ☐ se alegró mucho.
B ☐ se enfadó por celos.
C ☐ fingió estar enfadada.

4 Celestina quería ayudar a Calisto:

A ☐ para aprovecharse y ganar dinero.
B ☐ porque lo conocía desde pequeño.
C ☐ porque era noble y honrado.

5 Pármeno dijo a Calisto que Celestina:

A ☐ era una vieja respetable.
B ☐ se burlaba y mentía a la gente.
C ☐ era la mejor costurera de la ciudad.

6 Según Celestina, los amos son:

A ☐ generosos y buenos con los criados.
B ☐ necesarios para que los mozos tengan una buena vida.
C ☐ desagradecidos con sus criados.

Gramática y vocabulario

2 Completa con la forma del Infinitivo, Presente o Pretérito Indefinido.

Infinitivo	3ª persona Presente	3ª persona Pretérito Indefinido
entrar		
quedar		
		alejó
echar		
	sabe	
deshacer		
		perdió
ir		
prometer		
		despidió

3 Utiliza algunos de los verbos del ejercicio 2 en Pretérito Indefinido para completar este fragmento en el que Pármeno le habla a Calisto de algo que le sucedió estando al servicio de Celestina.

«Cuando era niño yo trabajaba para Celestina, pero un día me _____ para no volver nunca más; ni siquiera me _____ de ella para no tener que decirle adiós. Te voy a contar el motivo: un día me _____ solo en casa y aprovechando su ausencia _____ en la habitación donde tiene todos sus objetos de bruja, los ungüentos, los trozos de animales... tuve mucho miedo al principio pero luego empecé a divertirme cogiéndolo todo y mezclando los objetos. Lo dejé todo tan desordenado que _____ su libro de magia preferido y no lo pude encontrar por más que lo busqué. Cuando llegó Celestina y _____ lo que yo había hecho, me _____ a la calle en plena noche, sin cenar y sin vestidos. Por eso me _____ a mí mismo que no viviría nunca más con ella, y me _____ de aquella casa sin arrepentirme».

4 Estos adjetivos describen estados de ánimo. Une cada uno con su sinónimo.

1 ☐ compungido
2 ☐ prendado
3 ☐ enfurecido
4 ☐ turbado
5 ☐ aburrido
6 ☐ embelesado
7 ☐ sorprendido
8 ☐ desconfiado

a airado
b extasiado
c enamorado
d hastiado
e triste
f consternado
g dudoso
h desconcertado

5 Ahora di a qué personajes se refieren estos adjetivos que has leído en el texto.

> rubia • loco • astuta • traidor • diestro • bruto • hechicera
> bella • lujurioso • prudente

Celestina _____
Calisto _____
Melibea _____
Sempronio _____
Pármeno _____

DELE - Expresión oral

6 Observa la ilustración de la página 13. Durante unos 2 o 3 minutos, describe la imagen: el lugar, las personas, los objetos, las acciones. Habla sobre los rasgos físicos de las personas y sobre lo que están haciendo.

Puedes utilizar estas pautas:

- ¿Quién aparece en la ilustración? ¿Dónde están?
- ¿Puedes describir el lugar?
- ¿Qué están haciendo los personajes?
- Ponte en el lugar de uno de los personajes de la ilustración. ¿Qué estará diciendo?

Expresión escrita

7 Celestina habla a Pármeno sobre las ventajas y las alegrías que proporciona tener amigos. Imagina que escribes en tu diario lo que hiciste con tus amigos el pasado fin de semana, en una excursión. Escribe:

- adónde fuisteis
- qué tipo de actividad realizasteis cada uno de los días (cámping en el bosque, parque de atracciones, etc)
- con quién estuviste tú y por qué

(Número de palabras: entre 70 y 80)

Querido diario:
    ¡Qué fin de semana he pasado! Ha sido genial.
    El sábado

ACTIVIDAD DE PRE LECTURA

Comprensión auditiva

▶ 3 **8** Escucha el Acto II y contesta verdadero (V) o falso (F).

	V	F
1 Sempronio creía que hay que ser generosos.	☐	☐
2 Calisto estaba tranquilo cuando se fue Celestina.	☐	☐
3 Sempronio acompañó a Celestina a su casa.	☐	☐
4 Pármeno no se fiaba de Celestina.	☐	☐
5 Calisto estaba de acuerdo con las ideas de Pármeno sobre Celestina.	☐	☐

Acto II

▶ 3 Calisto, tras la marcha de Celestina, quedó hablando con sus criados. Sempronio le aseguró que había hecho bien dándole cien monedas de oro a la vieja:

—La fortuna sirve precisamente para servir a la honra, el mayor de los bienes mundanos —dijo el criado—. ¡Oh, qué glorioso es el dar! ¡Oh, qué miserable es el recibir! Algunos dicen que la nobleza proviene de los merecimientos de los padres, pero yo digo que solo tu generosidad te hará digno de honra. Así que alégrate de haber sido magnífico y liberal. Y ahora ve a tu cámara y reposa, que este negocio ha empezado bien y mejor terminará.

Calisto, sin embargo, estaba impaciente y pidió a Sempronio que fuera a acompañar a Celestina para apremiarla en su cometido y así terminar pronto con el dolor de la espera. Sempronio, que no quería irse y dejarlo solo con sus desvaríos y su tristeza, se ofreció para alegrarle cantando, jugando a naipes o contando historias. Calisto prefería aliviar su pena a solas con llantos, suspiros y gemidos pero al fin accedió a quedarse en compañía de Pármeno y envió a Sempronio a su cometido.

Pármeno, quedando a solas con su amo, intentó de nuevo prevenirle de que mejor sería hacer regalos a Melibea y no a aquella trotaconventos*, de la que se estaba haciendo cautivo porque, a quien se dice un secreto, se regala la libertad. El mozo temía que Calisto perdería su cuerpo, su alma y su hacienda a manos de aquella mujer, tres veces emplumada*. Respondió Calisto:

—¡Sigue hablando así, Pármeno, que me agrada! Cuanto más la

---

trotaconventos apodo que se daba a las alcahuetas porque muchos clientes eran monjes y monjas

emplumada castigo que se infligía en público: ataban a la alcahueta desnuda y untada con miel en un poste, y la cubrían con plumas

criticas, mejor me parece. Que cumpla conmigo y la emplumen por cuarta vez luego. Insensible eres, hablas así porque no te duele donde a mí.

—Señor, prefiero que me reprendas porque te irrito, a que me condenes porque no te di consejo: no eres libre, tu voluntad es cautiva.

—¡Palos quiere este bellaco*! —dijo Calisto enfurecido—. ¿Por qué dices mal de lo que yo adoro? ¿Tú qué sabes de la honra, o del amor? Si sientieras mi dolor, con otra agua rociarías esta ardiente llaga que la cruel flecha de Cupido me ha causado. Sempronio busca remedios, y tú los apartas con vanas palabras; te finges fiel pero eres un montón de lisonjas, un cúmulo de malicias, un gran envidioso. Difamando a la vieja me quitas la confianza en mis amores, aumentando mi pena. Mejor sería estar solo que mal acompañado. No quiero oírte más: que saquen mi caballo, que lo limpien bien y aprieten la cincha*. Quizá pase por casa de mi señora y mi Dios.

Pármeno fue al establo a preparar el caballo él mismo, pues no encontró a Sosia, el mozo de cuadra*. Calisto montó a caballo y se fue dejando recado para Sempronio y Celestina, si volvían, de que llegaría pronto.

—¡Vete con el diablo! —rezongó para sí Pármeno—. Di a estos locos lo que conviene, y no te podrán ver. ¡Desdichado de mí!; por ser leal padezco mal, mientras otros se ganan por malos. Así va el mundo: me comportaré como los demás, pues a los traidores llaman discretos y a los fieles necios. Si escucho a Celestina, no me maltratará Calisto. ¡Sea! Le seguiré la corriente: si dice «comamos», yo también; si quiere quemar la hacienda, iré a por fuego. Destruya, rompa, quiebre, dé lo suyo a las alcahuetas, que yo sacaré provecho. Como dicen, ¡a río revuelto, ganancia de pescadores*!

---

bellaco persona vil y despreciable
cincha correa con la que se ata la silla al caballo
mozo de cuadra criado que se ocupa de los caballos

a río revuelto... refrán; en situaciones confusas, se puede obtener algún beneficio

Acto III

Sempronio alcanzó a Celestina, que iba paseando hacia su casa, y la avisó de la impaciencia de Calisto, que temía la negligencia de la vieja. Celestina no se sorprendía: sabía que toda dilación es un tormento para los amantes, sobre todo los primerizos, que no se cuidan de los daños que pueden causar a sus sirvientes.

—¿Qué dices? ¿Nos puede quemar este fuego de Calisto? ¡Al diablo con sus amores! Yo, a la primera señal de peligro, abandono. Pero haremos lo que podamos mientras dure: pues no hay placer tan alegre que no le mengüe* su antigüedad. Todas las cosas pierden su fuerza con el tiempo. ¿No te sorprendes si te dicen que la tierra tembló, que el ciego ve, que cayó un rayo, que mañana hay eclipse o que a Pedro robaron? ¿Y no es verdad que pasados tres días ya no te maravillas? Todo se olvida de la misma manera. Procuremos, pues, obtener lo que podamos de este negocio, pero sin peligros.

—Sabias son tus palabras, Sempronio; pero aún queda mucho por hacer, mucho que fingir y malas palabras que recibir; yo soy experta en estos trabajos. Pocas vírgenes de la ciudad han abierto tienda* sin que yo les haya vendido el primer hilado. ¿Crees que me mantengo del aire? ¿Tuve yo otra herencia? De este oficio como, bebo, visto y calzo. Todos me conocen en esta ciudad.

Le preguntó Sempronio de qué había hablado con Pármeno, a lo que contestó Celestina:

—Le dije que ganaría más con nosotros que con los halagos de su amo. Además, para que no menosprecie mi oficio le recordé quién era su madre. A Pármeno lo vi nacer y lo crié. Su madre y yo, uña y carne*. De ella aprendí mi oficio. Comíamos y dormíamos juntas, éramos como hermanas, de las ganancias recibía siempre la mitad.

---

mengüe forma del verbo menguar: disminuir
han abierto tienda... pocas muchachas tenían sus primeras
relaciones sin la influencia de Celestina

uña y carne inseparables, que estaban siempre juntas

¡Oh muerte, muerte, a cuántos dejas sin buena compañía! ¡Por uno que nos quitas a tiempo, mil siegas antes de su hora! Si yo traía el pan, ella la carne; si yo ponía la mesa, ella los manteles. No era loca ni presuntuosa como las de ahora. Todos la convidaban, tanto la querían. Su hijo no es como ella, porque ahora su amo estaría sin pluma y nosotros sin queja. Pero yo le haré de los míos.

Sempronio tenía sus dudas, ya que consideraba a Pármeno un traidor y el asunto de Melibea difícil; pero la vieja tenía sus planes.

—Pármeno cederá cuando tenga a Areúsa. Melibea es hermosa y Calisto loco y generoso: el dinero hará el resto, que no hay lugar tan alto que un asno cargado de oro no suba. Voy ahora a casa de Melibea y estoy segura de que le bajaré los humos*. Todas son quisquillosas al principio, pero la yegua que consiente una vez la silla, luego no quiere descansar; si corren de noche, no quieren que amanezca y maldicen a los gallos porque anuncian el día. Yo misma nunca me cansé de andar este camino, incluso ahora que soy vieja: imagina ellas, que arden sin fuego. Se dejan cautivar por el primer abrazo, y luego son criadas de quien eran señoras. Un gran efecto provoca en ellas la dulzura de los primeros besos... las mujeres pasan de unos extremos a otros: o aman mucho a su pretendiente o lo odian. Por eso voy tranquila a ver a Melibea; al principio le rogaré yo, pero luego será ella quien me ruegue. Y para entrar en su casa llevo hilos, cofias, cintas de oro, cremas y otras cosas. Serán mi cebo.

El mozo estaba inseguro y le pidió mucho tiento*, los padres de Melibea eran valerosos y ella su única hija; no quería que la alcahueta saliera malparada en el asunto. Celestina lo acusó de agorero, no necesitaba los consejos de un jovenzuelo para acometer su oficio. Por fin llegaron a la morada de Celestina y allí estaba Elicia, esta vez sola.

---

le bajaré los humos le quitaré la arrogancia, la volveré dócil   **tiento** cuidado, atención

—¡Vaya! ¿Qué novedad es esta, Sempronio? —se burló la muchacha—. ¿Dos veces en un solo día en esta casa?

—Calla, boba, que traemos otro asunto en mente. Sube al desván y tráeme el bote de aceite de serpiente colgado de la soga que traje del campo la otra noche. En el arca de los hilos hay un papel escrito con sangre de murciélago, debajo del ala de dragón al que quitamos las uñas. En la cámara de los ungüentos está el pellejo del gato negro donde te mandé meter los ojos de loba; baja también la sangre de cabrón y las barbas que le cortaste.

Elicia entregó a la vieja todo lo pedido, se fue con Sempronio a su habitación y la vieja comenzó así a invocar al diablo:

—Te conjuro, triste Plutón, dios de la profundidad infernal, señor de los fuegos sulfúreos, gobernador de los tormentos de las almas pecadoras, regidor de las tres furias*, administrador de las lagunas y sombras infernales del reino de Estigia. Yo Celestina, tu más conocida clienta, te conjuro por la virtud y la fuerza de estas letras bermejas escritas con sangre de murciélago en este papel, y por el veneno de serpiente de este aceite con el que unto estos hilos. ¡Te conjuro a que me obedezcas y ablandes el corazón de Melibea, enredado en estos hilos! ¡Que ame a Calisto, deje su honestidad y premie mis trabajos! Confiando en mi poder me voy para allá contigo.

las tres furias divinidades griegas con serpientes en el pelo que torturaban las almas de los muertos

Comprensión lectora

1 Une cada pregunta con su respuesta.

1 ☐ ¿Por qué Calisto envió a Sempronio con Celestina?
2 ☐ ¿Quién era cautivo de Celestina según Pármeno?
3 ☐ ¿Por qué se enfada Calisto con Pármeno?
4 ☐ ¿Por qué decide Pármeno «comportarse como los demás»?
5 ☐ ¿Quién aconseja a Celestina mucho cuidado para no correr peligros?
6 ☐ ¿Qué excusa usará Celestina para entrar en casa de Melibea?
7 ☐ ¿Para qué conjura Celestina al demonio?
8 ☐ ¿Con quién se queda Sempronio mientras Celestina hace el conjuro?

a Sempronio.
b Venderle hilos, cremas y otras cosas.
c Porque ve que, si es honesto, Calisto lo trata mal.
d Calisto.
e Porque quería que Celestina se diera prisa.
f Con Elicia.
g Porque critica a Celestina.
h Para que la ayude y haga que Melibea se enamore de Calisto.

2 Marca con números estas situaciones siguiendo el orden cronológico.

☐ Calisto monta a caballo y sale de su casa.
☐ Celestina le pide a Elicia lo necesario para hacer su conjuro.
☐ Calisto se queda en casa con Pármeno y manda a Sempronio que acompañe a Celestina.
☐ Sempronio y Elicia se van a su habitación.
☐ Pármeno prepara el caballo para Calisto.
☐ Celestina invoca al demonio para pedirle ayuda.
☐ Pármeno decide escuchar los consejos de Celestina.
☐ Elicia recibe en casa a Celestina y Sempronio.

Vocabulario

3 Lee las definiciones y resuelve este crucigrama con los animales que aparecen en el capítulo.

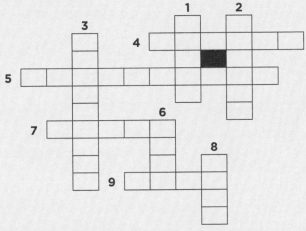

1 Nos despierta cantando por la mañana.
2 Animal mitológico que echa fuego por la boca.
3 Celestina tiene aceite de...
4 Mamífero con grandes cuernos y barba.
5 Mamífero que vuela de noche.
6 Animal de carga con las orejas largas.
7 La hembra del caballo.
8 Celestina usa para el conjuro una piel de...
9 Hembra del animal que aúlla y vive en el bosque.

Gramática

4 Escribe las preposiciones *por* y *para* en su lugar correspondiente.

1 Las muchachas se dejan cautivar _____ el primer abrazo.
2 Sempronio se ofreció _____ alegrar a Calisto cantando o jugando a naipes.
3 A Calisto no le importa si a Celestina la empluman _____ cuarta vez.
4 «Quizá pase _____casa de Melibea», dijo Calisto.
5 La fortuna sirve precisamente _____ servir a la honra.
6 Esperar es un tormento _____ los amantes.

5 Completa las frases con las formas del presente de subjuntivo que has leído en el capítulo. Si es necesario, léelo otra vez.

1 «Señor, prefiero que me _____ (reprender) porque te irrito, a que me _____ (condenar) porque no te di consejo»

2 «Que mis criados _____ (sacar) mi caballo, que lo _____ (limpiar) bien y _____ (apretar) la cincha. Quizá _____ (pasar) por casa de mi señora y mi Dios»

3 «Que Calisto _____ (destruir), _____ (romper), _____ (quebrar), _____ (dar) lo suyo a las alcahuetas: yo sacaré provecho»

4 «Procuremos obtener lo que _____ (poder) de este negocio»

5 «Para que no _____ (menospreciar) mi oficio le recordé quién era su madre»

6 «Pármeno cederá cuando _____ (tener) a Areúsa»

7 «Al principio le rogaré yo, pero luego será ella quien me _____ (rogar)»

8 «¡Te conjuro a que me _____ (obedecer) y _____ (ablandar) el corazón de Melibea!»

6 ¿Subjuntivo o no? Elige la forma correcta en cada frase.

1 Sempronio prefiere que Calisto no *se queda/se quede* solo con su tristeza.

2 Calisto piensa que Pármeno *es/sea* insensible.

3 Sempronio cree que quizá *no consiguen/no consigan* convencer a Melibea.

4 «Cuando *hablo/hable* con Melibea la convenceré», dijo Celestina.

5 Celestina va a vender hilos solo *para poder/que pueda* entrar en casa de Melibea.

6 «Haré un conjuro *para ser/que sea* más fácil enamorar a Melibea», pensó Celestina.

7 Celestina empieza el conjuro cuando Elicia *se va/se vaya* con Sempronio.

8 «Te pido que *me ayudas/me ayudes* a conquistar el corazón de Melibea», dijo Celestina.

DELE - Expresión escrita

7 Eres un amigo/una amiga de Melibea y has seguido a Celestina y Sempronio. Escríbele un email de 50 o 60 palabras para contarle lo que han planeado.

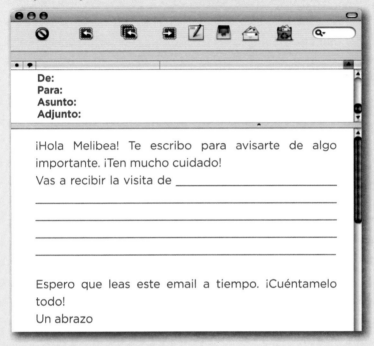

De:
Para:
Asunto:
Adjunto:

¡Hola Melibea! Te escribo para avisarte de algo importante. ¡Ten mucho cuidado!
Vas a recibir la visita de _____
_____
_____
_____
_____

Espero que leas este email a tiempo. ¡Cuéntamelo todo!
Un abrazo

ACTIVIDAD DE PRE LECTURA

Expresión oral

8 En el próximo Acto Celestina tiene que ir a casa de Melibea. ¿Qué crees que pasará? Elige una de estas opciones y explica por qué durante unos 3 o 4 minutos.
- Celestina se arrepiente antes de entrar. Huye con las monedas.
- Melibea llama a sus padres. Celestina va a la cárcel.
- El hilo de Celestina hipnotiza a Melibea. Se enamora de Calisto.
- Melibea dice a Celestina que está enamorada de Sempronio.
- Celestina decide disfrazar a Calisto de Sempronio.

Acto IV

De camino a casa de Pleberio, Celestina iba reflexionando sobre los peligros que temía Sempronio. Los disimuló cuando hablaba con él, pero sabía que si descubrían sus intenciones podrían mantearla*, o azotarla, o incluso justiciarla.

—¡Desgraciada de mí! ¡En qué enredo* me he metido! —pensaba.

Dudaba si seguir adelante o volverse atrás. ¿Qué pensaría Calisto de ella?

—Dirá que le he engañado para aprovecharme de él, y lo dirá a grandes voces, me llamará alcahueta falsa, gritará que para otros tengo obras y para él solo palabras, para todos luz y para él tinieblas. ¡Triste de mí! Haga lo que haga saldré mal parada. Pero prefiero ofender a Pleberio que enojar a Calisto. Iré, que mayor es la vergüenza de quedar como cobarde que la pena cumpliendo lo que prometí. ¡Adelante, Celestina! Los agüeros* que has encontrado son buenos: las primeras palabras que oí en la calle son de amores, no he tropezado, no me estorban las faldas y no me canso al andar. No me ha ladrado ningún perro ni he visto aves negras. Y lo mejor de todo: veo a Lucrecia a la puerta de Melibea. Es prima de Elicia, no me será contraria.

Saludó cariñosamente a la muchacha, quien le dio la bienvenida preguntando cuál era el motivo de su visita. Celestina mostró los hilos que traía consigo, y Lucrecia la hizo esperar a la puerta. Fue a hablar con Alisa, la madre de Melibea, que cosía en una sala, la cual le preguntó quién era aquella vieja.

—¡Jesús, señora! La de la cuchillada* que vivía junto al río. La que pusieron en la picota* por vender muchachas a los abades, que hace

---

mantearla castigo público en el que se hacía saltar al condenado en una manta de cuyos extremos tiran varias personas
enredo complicación, asunto difícil
agüeros señales supersticiosas que predecían mala o buena suerte

cuchillada marca que la justicia hacía en la cara a las prostitutas con un cuchillo
picota columna a la que se ataba a los delincuentes para exponerlos a la vergüenza pública

perfumes, conoce hierbas y cura niños. Celestina es; vergüenza me da decir su nombre.

—¡Ah, buena pieza es! Algo querrá. Dile que suba.

Celestina se presentó con grandes halagos, ofreciendo su mercancía a la señora.

—Vecina, gracias por venir —dijo Alisa—. Si el hilado es bueno, te lo pagaré bien. Te atenderá mi hija Melibea; que yo tengo que ir a visitar a mi hermana, que tiene un dolor en el costado.

—¡Ya está aquí el diablo, disponiéndolo todo!—susurró Celestina—. ¡Vamos, llévatela! Ahora o nunca.

Alisa se despidió dejando a Celestina con Melibea y Lucrecia, y pidiendo pérdon por su marcha.

—Rezaré por tu hermana y no te preocupes, me quedo en buena compañía. Dios deje gozar a tu hija de su juventud, que es el momento en que mayores deleites se alcanzan. ¡Ay! La vejez no es más que mesón de enfermedades, amiga de rencillas*, lamento del pasado, pena de lo presente, cuita del porvenir y vecina de la muerte.

Melibea preguntó a Celestina por qué hablaba mal de la vejez, que todos deseaban alcanzar. La vieja replicó que todo el mundo desea vivir mucho, pero los inconvenientes de la vejez son incontables: enfermedades, arrugas, caída de los dientes, ceguera, falta de fuerzas y lento comer, sobre todo si se es pobre.

—Veo que hablas de la feria según te va en ella. Otra canción dirán los ricos —respondió Melibea.

—Señora hija, cada uno tiene su mal. El viejo pobre duerme mejor sueño que el que debe guardar los bienes que con trabajo ha ganado. A mí me quieren por mi persona, al rico por su hacienda. Más son los poseídos por las riquezas que los que riquezas poseen. Cada rico tiene

rencillas disputas que se hacen para crear enemistad

una docena de hijos y nietos que rezan para que muera y quedarse con lo suyo. Pero pienso que no quiero yo volver a la mocedad: nadie es tan viejo que no pueda vivir un año, ni tan joven que no pueda morir hoy. Es menester* contentarse.

Poco a poco Melibea fue reconociendo a Celestina, que dos años atrás vivía en su vecindario. Le pareció mudada y envejecida, aunque la reconoció por la señaleja que tenía en la cara.

—Detén el tiempo, señora, y yo detendré la mudanza de mi cara. Encanecí pronto, parezco de doblada edad.

Melibea quiso despedirse amablemente de ella pagándole sus hilos, pero Celestina le confesó que otra era la razón de su venida: necesidades ajenas la habían movido, que a ella no le faltaba nada. Se ofreció la joven de buena fe a ayudar a quien necesitaba su ayuda.

—¡Doncella graciosa y de alto linaje! Tu amabilidad y tu hermosura me dan osadía para decírtelo. Porque nacimos para ser compasivos, nadie nace para sí mismo; hasta entre los brutos animales existe la piedad. ¿Podemos ser más crueles los hombres? Sobre todo no podemos negar nuestra gracia a quienes padecen secretas enfermedades que tienen el remedio donde nació la enfermedad. He dejado un enfermo de muerte que sanará con una sola palabra tuya.

Melibea, desconcertada, le pidió que hablara; cuando Celestina pronunció el nombre del joven Calisto, Melibea exclamó con grandes aspavientos:

—¡Ya, ya, ya, buena vieja! ¿Es ese el enfermo? Desvergonzada barbuda, ¿vienes a buscar la muerte? ¿Qué tiene ese perdido? Será locura. No dicen en vano que el peor miembro de hombres y mujeres es la lengua. ¡Ojalá te quemen, alcahueta falsa, hechicera, causadora de engaños secretos! ¡Jesús, Jesús! ¡Quítala de mi vista, Lucrecia, que me

---

es menester hace falta, es necesario

muero, que no me queda ni una gota de sangre en el cuerpo! Callo porque he de velar por mi honra y no hacer pública esta osadía; si no, acabaría con tus palabras y tu vida al mismo tiempo.

La vieja se vio en peligro e invocó de nuevo la ayuda del diablo; Melibea seguía fuera de sí, maltratándola porque intentaba poner en peligro su honestidad y destruir la honra de su padre. Había entendido perfectamente lo que pretendía la vieja. Celestina intentó calmar su ira pero Melibea le encomendó un mensaje para Calisto:

—Dile que no lo denuncié porque lo tomé por loco. Que renuncie a su propósito o acabará mal. Vete con este mensaje y da gracias porque te vas sana y salva de esta feria.

Tras estas palabras Celestina tomó aliento: otras muchachas más bravas había amansado antes. Insistió, y le reveló que el caballero Calisto sufría de un terrible dolor de muelas. Necesitaba urgentemente una oración para él, y el cordón que ella había llevado a tocar todas las reliquias de Roma y Jerusalén. Pero ya que la muchacha no sentía piedad, lo dejaría sufriendo. Melibea dijo entonces:

—Si eso querías, ¿por qué no me lo dijiste con esas palabras?

—Señora, porque al ser el motivo tan limpio no pensé en usar el debido preámbulo; la pena que me da el dolor del caballero ahogó las palabras en mi boca. Y si él tiene otras culpas, no dejes que caigan en mí, que soy inocente: no paguen justos por pecadores. Mi cometido es solo servir a los demás, de ello vivo. A pocos en la ciudad tengo descontentos: me desvivo por cumplir lo que me mandan.

Por fin Melibea se calmó: tan mal había oído hablar de la vieja que creía deshonestas sus intenciones. Decidió olvidar lo pasado y se interesó por el enfermo. Celestina no perdió tiempo y aprovechó para hablarle de Calisto:

—El enfermo es de sangre noble, posee mil gracias, es fuerte como Hércules, generoso, hermoso como Narciso, armado es un San Jorge... parece un ángel del cielo. Pero ahora le tiene derribado una muela sola, que no deja de dolerle nunca. Lleva ocho días así, y parece un año. Su único remedio es tocar la vihuela* y cantar canciones tan lastimeras que parten el alma, y parece que hace hablar al instrumento, al punto que se paran las aves a escucharlo. Todas las mujeres que lo ven alaban a Dios por hacerlo así, y si él le habla, ella ya no es señora de sí misma sino de él. Juzga pues, señora, si mis propósitos no eran buenos.

Oyendo estas palabras, la joven lamentó su falta de paciencia y el padecimiento que les había causado. Para compensar su sufrimiento, le entregó el cordón con la promesa de escribir una oración, que Celestina recogería al día siguiente en secreto.

—¡Ya está perdida mi ama! —dijo para sí Lucrecia—, ¡Celestina vendrá en secreto, aquí hay fraude! ¡Algo más que lo dicho le va a dar!

Pidió Melibea a Celestina mantener en secreto su enfado para no dar una mala impresión a Calisto, a lo que la vieja respondió que no debía tener miedo de su discreción: iba tan alegre con el cordón que no dudaba que el corazón de Calisto ya sentía sus beneficios y estaba sanando.

—Y aún haré más por tu enfermo si es menester, en pago por lo sufrido —contestó Melibea.

Y a Lucrecia, que escuchaba todo y quería su parte para mantener el secreto, prometió Celestina una lejía para enrubiar los cabellos y polvos para quitarle el mal aliento que, le dijo, no es cosa bella en una mujer. Así se la hizo amiga, se despidió de Melibea y se fue hacia casa de Calisto.

---

vihuela instrumento de cuerda que se toca con un arco o un plectro

Acto V

Yendo hacia la casa de Calisto, Celestina iba hablando entre dientes:

—¡Oh, qué peligros he pasado, qué cerca estuve de la muerte! Menos mal que mi astucia frenó la ira de esa brava doncella. ¡Oh diablo al que conjuré, cómo has cumplido tu palabra en todo lo que te pedí! Estoy en deuda contigo: amansaste a la cruel hembra con tu poder. ¡Alégrate, Celestina! Cuando las cosas tienen buen principio está hecha la mitad. ¡Oh Fortuna, cómo ayudas a los valientes! ¡Oh cordón! Contigo traeré por fuerza a la que no me quiso hablar de buen grado.

Sempronio la vio llegar hablando entre dientes y le preguntó cómo había ido el asunto, pero Celestina tenía prisa:

—Ven conmigo, Sempronio, y oirás maravillas. Quiero que Calisto sepa de mi boca lo que he hecho; y aunque vas a tener una partecilla del provecho, quiero yo todas las gracias del trabajo.

—¿Partecilla, Celestina? Mal me parece lo que dices. Otras cosas necesito más que comer.

—¿Qué, hijo? ¿Un arco para ir por las casas tirando a los pájaros y a las pájaras* asomadas a las ventanas? Muchachas digo, de las que no saben volar, ya me entiendes. A ti para conseguirlas te basta poco, pero ¡ay de quien se va haciendo vieja como yo!

Entendió así Sempronio la codicia de Celestina, y se arrepintió de haberse unido a ella, ya que veía que quería engañarle a él tanto como a su amo. Pero seguiría con aquella vieja falsa y se llevaría su ganancia. Disimulando su enfado, preguntó a Celestina por qué se daba tanta prisa.

—Rectificar es de sabios —dijo ella—, Las cosas han ido mejor de lo que creía, Calisto me dará más en un día de buenas nuevas que en cien

---

pájaras se refiere a las prostitutas, que para atraer clientes se asomaban a la ventana

penando y yo yendo y viniendo. ¡Deja hacer a tu vieja! Vamos rápido, que tu amo andará loco por mi tardanza.

Desde la casa de Calisto, Pármeno les vio llegar y avisó a su amo.

—¡Oh negligente! ¿Los ves venir y no abres corriendo la puerta? Oh alto Dios, ¿qué nuevas traerán? ¡Oh tristes oídos, preparaos para lo que venga, que en la boca de Celestina está ahora el alivio o la pena de mi corazón!

Se alegró Celestina de oír estas palabras: cada una de ellas valía para ella una saya*.

---

saya falda larga

Acto VI

Calisto preguntó con ansia a Celestina las nuevas que traía.

—¡Ay mi señor Calisto! ¿Con qué pagarás a esta vieja, que ha arriesgado su vida por ti? Cuando lo pienso se me vacían de sangre las venas; mi vida ha tenido menos precio que este manto roído* que llevo.

—Dime, por Dios, señora —preguntó muy agitado Calisto—, ¿qué hacía? ¿Cómo entraste? ¿Cómo era su vestido? ¿Con qué cara te recibió?

—Como la abeja convierte en miel todo lo que toca, así el rigor de Melibea he convertido en miel y su ira en mansedumbre. Fui allí a recibir en mi manto los golpes y el menosprecio que muestran al principio las doncellas para que su entrega tenga más valor. Pues si no, serían iguales que las mujeres públicas. Deben mostrarse frías y castas aunque les abrase el fuego del amor para mantener su honestidad. Te contaré todo pero tranquilízate, que el final fue muy bueno.

Se sintió con esto aliviado Calisto y subió con Celestina a su habitación, para hablar a solas. Pármeno se santiguó viendo cómo Calisto huía de ellos y se iba a contarle a Celestina los secretos de su amor y a escuchar sus mentiras. Sempronio se enfadó con él:

—¡Venenoso maldiciente! ¿Por qué quieres cerrar las orejas a lo que a todos gusta oír? Son palabras de amor y aunque sean mentiras las escucho con ganas.

—¡Callaos, mozos! —dijo Calisto—, que estoy escuchando palabras en las que me va la vida! Dime, señora, ¿qué hiciste cuando estábais a solas?

—Le dije que tenías dolor de muelas. Y no solo le pedí una oración para sanarte, sino también un cordón que siempre lleva ceñido porque había tocado muchas reliquias. Estuvo a punto de mandar que sus criados

roído roto o lleno de agujeros

me mataran, pero por fin se rindió. Te daré el cordón a cambio de un manto.

Feliz con esta noticia, Calisto mandó encargar al sastre lo que Celestina le pedía y pidió a Celestina el cordón para disfrutar de él y calmar su corazón. Ella así lo hizo, con la promesa de entregarle también a su dueña si tenía paciencia, que ella era capaz de eso y mucho más.

—¡Oh, cordón! Ojalá estuvieras tejido no de seda, sino de mis brazos para poder con ellos rodear su cintura y gozar de su cuerpo ¡Oh, qué secretos habrás visto de mi amada! ¡Ojos míos, mirad la medicina que ha llegado a casa!

—Cesa ya de delirar, Calisto: cansada me tienes de escucharte y romperás el cordón maltratándolo. Recuerda que Melibea te ha dado el cordón para sanarte, no por tu amor. La oración me la dará mañana. Si sales a la calle, cúbrete la cara con un paño para simular dolor de muelas, por si te ve.

Pero Calisto, en su delirio de amor, no se cansaba de alabar a Melibea cuya perfección lo tenía cautivo con dura cadena. Pármeno y Sempronio hicieron señales a Celestina para irse y dejarlo solo, y ella así lo hizo:

—Calla, que yo tengo una buena lima para romper esa cadena. Ahora dame licencia, que es muy tarde, y déjame llevar el cordón, que lo necesito.

Con gran dolor se separó Calisto del cordón y mandó a sus criados acompañar a Celestina a su casa. Celestina le prometió volver al día siguiente y le aconsejó pensar en otras cosas.

—Eso no, que es herejía olvidar a aquella por quien la vida vale la pena.

ACTIVIDADES

Comprensión lectora

1 **¿Verdadero (V) o falso (F)? Corrige las frases falsas en tu cuaderno.**

		V	F

1 Celestina iba un poco preocupada hacia casa de Melibea. ☐ ☐

2 Lucrecia no conocía de nada a Celestina. ☐ ☐

3 A Celestina la habían condenado a la picota por robar. ☐ ☐

4 Celestina no desearía volver a ser joven. ☐ ☐

5 Celestina dice que a Calisto le duele la cabeza. ☐ ☐

6 Melibea le da a Celestina el cordón y una oración para Calisto. ☐ ☐

7 Melibea no quiere ver nunca más a Celestina. ☐ ☐

8 Sempronio se da cuenta de que Celestina intenta engañarle. ☐ ☐

2 **¿Quién dice estas frases? Escribe el nombre del personaje que emite cada enunciado.**

> Celestina • Melibea • Sempronio • Calisto • Alisa • Lucrecia

1 _____: «Si el hilado es bueno, te lo pagaré bien. Te atenderá mi hija Melibea, que yo tengo que ir a visitar a mi hermana.»

2 _____: «¡Ya, ya, ya, buena vieja! ¿Es ese el enfermo? Desvergonzada barbuda, ¿vienes a buscar la muerte?»

3 _____: «El enfermo es de sangre noble, es fuerte como Hércules, hermoso como Narciso... parece un ángel del cielo.»

4 _____: «¡Ya está perdida mi ama! ¡Celestina vendrá en secreto, aquí hay fraude!»

5 _____: «¡Oh diablo al que conjuré, cómo has cumplido tu palabra en todo lo que te pedí!»

6 _____: «¿Partecilla, Celestina? Mal me parece lo que dices. Otras cosas necesito más que comer.»

7 _____: «Dime, por Dios, señora. ¿Qué hacía? ¿Cómo entraste? ¿Cómo era su vestido? ¿Con qué cara te recibió?»

8 _____: «¡Venenoso maldiciente! ¿Por qué quieres cerrar las orejas a lo que a todos gusta oír?»

9 _____: «Y aún haré más por tu enfermo si es menester.»

10 _____:«¡Oh, cordón! Ojalá estuvieras tejido no de seda, sino de mis brazos.»

DELE - Gramática y vocabulario

3 **Esto es lo que Celestina iba pensando por el camino hacia casa de Melibea. Elige las palabras correctas para completarlo.**

«¡Desgraciada de mí! ¡En qué (1)_____ me he metido! Calisto dirá que le he engañado (2)_____ aprovecharme de él, me llamará alcahueta falsa, gritará (3)_____ para otros tengo obras y para él solo palabras, para todos luz y para él tinieblas. Haga (4)_____ que haga saldré mal parada. Pero prefiero ofender a Pleberio que enojar a Calisto. Iré, que (5)_____ es la vergüenza de quedar como cobarde que la pena cumpliendo (6)_____ que prometí. Los agüeros que has encontrado son (7)_____: las primeras palabras que oí en la calle son de amores, no he tropezado, no me estorban las faldas y no me canso (8)_____ andar. No me ha ladrado (9)_____ perro ni he visto aves negras».

1	**a)** enredo	**b)** calle	**c)** estorbo
2	**a)** por	**b)** para	**c)** en
3	**a)** que	**b)** de	**c)** como
4	**a)** lo	**b)** como	**c)** según
5	**a)** mejor	**b)** menos	**c)** mayor
6	**a)** el	**b)** lo	**c)** él
7	**a)** buenos	**b)** bien	**c)** buen
8	**a)** desde	**b)** a	**c)** al
9	**a)** ningún	**b)** ninguno	**c)** algún

4 **Elige la forma correcta de estos comparativos y superlativos.**

1 Los poseídos por las riquezas son _____ _____ los que riquezas poseen.
a ☐ más/que   **b** ☐ tan/que   **c** ☐ igual/de

2 Sempronio necesita otras cosas _____ _____ comer.
a ☐ más/de   **b** ☐ más/que   **c** ☐ menos/de

3 A Celestina las cosas le han ido _____ _____ lo que creía.
a ☐ tan/de   **b** ☐ mejor/de   **c** ☐ mejor/que

4 «Mi vida ha tenido _____ precio _____ este manto roído que llevo», dijo Celestina a Calisto.
a ☐ igual de/que   **b** ☐ tan/que   **c** ☐ menos/que

5 La vergüenza de quedar como cobarde es _____ _____ el dolor de un castigo cumpliendo lo prometido.
a ☐ tan/que   **b** ☐ mayor/que   **c** ☐ menos/que

6 La juventud es el momento en que _____ deleites se alcanzan.
a ☐ igual   **b** ☐ mayores   **c** ☐ menor

7 El viejo pobre duerme _____ _____ el rico.
a ☐ mejor/que   **b** ☐ tan/como   **c** ☐ menos/de

8 Melibea había oído hablar _____ de Celestina, _____ creía deshonestas sus intenciones.
a ☐ así mal/que   **b** ☐ tan mal/que   **c** ☐ tan mal/como

9 Sempronio veía que Celestina quería engañarle a él _____ a su amo.
a ☐ tanto/que   **b** ☐ tan/como   **c** ☐ tanto/como

5 Completa estas frases usando los verbos entre paréntesis en Futuro de Indicativo. En algunas frases se usa este tiempo para indicar una intención o predicción para el futuro (I) y en otras para expresar una duda sobre el futuro (D). Escríbelo en el recuadro.

1 «¡Triste de mí! Haga lo que haga _____ (salir) mal parada» ☐

2 «¡Ah, buena pieza es! Algo _____ (querer). Dile que suba» ☐

3 «Si el hilado es bueno, te lo _____ (pagar) bien» ☐

4 «_____ (rezar) por tu hermana y no te preocupes, me quedo en buena compañía» ☐

5 «Vamos rápido, que tu amo _____ (andar) loco por mi tardanza» ☐

6 «Ven conmigo, Sempronio, y _____ (oír) maravillas» ☐

7 «¿Los ves venir y no abres? Oh alto Dios, ¿qué nuevas _____ (traer)?» ☐

8 «¿Con qué _____ (pagar) a esta vieja, que ha arriesgado su vida por ti?» ☐

9 «Te _____ (contar) todo pero tranquilízate, que el final fue muy bueno» ☐

10 «Te _____ (dar) el cordón a cambio de un manto» ☐

ACTIVIDAD DE PRE LECTURA

Expresión escrita

6 Celestina ha prometido volver a casa de Melibea a por la oración prometida. ¿Qué sucederá? Imagina que eres periodista y tienes que escribir un artículo (50 o 60 palabras). Elige uno de estos títulos.

Celestina denunciada ante los tribunales por Pleberio y Alisa

Melibea desparecida. Deja una nota: «Me caso el sábado»

Calisto se confiesa: «Así conquisté a Melibea»

Acto VII

▶ 4 Por la calle se iba lamentando Celestina con Pármeno:

—Hijo, con todos estos asuntos no he tenido tiempo de decirte el mucho amor que te tengo, pues para mí eras como un hijo adoptivo y siempre he hablado bien de ti. ¿Y tú cómo me pagas? Murmurando contra mí en presencia de Calisto. Escúchame, que buen consejo mora en los viejos y de los mancebos es propio solo el deleite*. Tu error es debido a tu edad, pero espero que de aquí en adelante seas mejor conmigo. Los jóvenes no os curáis de los viejos, no pensáis que algún día os faltará la flor de la juventud. Debes saber que cuando tengas alguna necesidad, esta vieja conocida, amiga y madre será buen mesón para descansar, buen fuego para el invierno y buena sombra en verano. ¿Qué te parece? Ya sé que estás confuso, pero mira a Sempronio: yo le hice hombre. Es apreciado, elegante y gracioso, y quiere ser tu amigo; si obrais juntos crecerá vuestro provecho.

Pármeno pidió perdón a Celestina y prometió obedecerla, pero una amistad con Sempronio le parecía imposible: era demasiado alocado, no lo soportaba. La vieja intentó convencerle: los amigos, dijo, se prueban en la dificultad. Con Sempronio tendría un aliado y una ayuda para ganarse la vida por sí mismo: porque solo entonces, y siendo más reposado, ella le podría dar la herencia de su padre.

—¿A qué llamas reposado, tía?

—A valerte por ti mismo, a saber aprovecharte de Calisto; si esperas regalos de los galanes no ganarás nada. Goza de la juventud, el buen día, la buena noche, el buen comer y el buen beber. Oh, hijo, toma mi consejo, solo busco tu bien. ¡Qué feliz sería si tú y Sempronio

deleite gozo, disfrute

viniérais como hermanos a mi casa a verme y a divertiros con dos muchachas!

Se alegró mucho Pármeno oyéndola hablar de muchachas y bendijo a su padre y a su madre por haberle encomendado a tan sabia mujer.

—¿Tu madre? No me la nombres, que se me llenan los ojos de agua. ¿Quién fue mi mejor amiga? ¿Quién sabía mis secretos? ¡Oh, qué graciosa era, qué desenvuelta y fuerte! Tanto que andaba por los cementerios a medianoche sin miedo, desenterrando lo necesario para nuestro oficio, que ella era la mejor. Te diré un secreto: ella sola le quitó siete dientes a un ahorcado, mientras yo le quitaba los zapatos. Hasta a los diablos tenía espantados con sus terribles invocaciones, y no se atrevían ni a mentirle. Todos en la ciudad la conocían y la querían, porque fue partera* durante dieciséis años. Juntas nos detuvieron y juntas nos castigaron la primera vez; tú eras muy pequeño.

El mozo le reprochó que perseverar es lo peor del pecado y Celestina, ofendida por sus palabras, le dijo para hacerle daño:

—A tu madre la detuvieron otras cuatro veces por bruja y la tuvieron en las escaleras de la plaza con un capirote* en la cabeza. Aun así, tenía tanta gracia que incluso desde allí a todos miraba por encima del hombro. Pero no por ello dejó el oficio. Los que mucho saben, más pronto yerran: eso le pasó a ella. El cura que fue a consolarla le dijo que las santas escrituras llaman bienaventurados a los perseguidos por la justicia. Y como a tu madre dieron tormento hasta que confesó lo que no era, sé ella está ahora en el cielo y con eso me consuelo. Sé amigo mío tú también, como lo fue ella.

Estuvo de acuerdo Pármeno y le recordó su promesa de darle a Areúsa. Celestina no lo había olvidado y lo condujo a casa de la

partera mujer que ayuda a las embarazadas durante el parto   capirote aquí, gorro que colocaban en la cabeza de los delincuentes expuestos en las plazas, con el delito escrito en él

muchacha. Cuando llegaron entró Celestina sin hacer ruido en casa de Areúsa.

—Tía señora, ¿cómo es que vienes tan tarde? Me estaba desnudando para acostarme.

—¿Con las gallinas*, hija? Anda, no te vistas y entra en la cama que así hablaremos.

De esto se alegró Areúsa, pues se había sentido mala todo el día. La vieja, al verla medio desnuda, se acercó a ella y elogió su belleza y frescura, y la limpieza de sus sábanas. Areúsa le pidió que no se acercara a hacerle cosquillas, que tenía tanto dolor en la matriz* que se le subía hasta los pechos.

—Déjame que te palpe, que algo sé de esto —dijo Celestina descubriéndola—, ¡Oh, Dios te bendiga, qué hermosa estás! Ahora te puedo decir que no hay en toda la ciudad tres cuerpos como el tuyo. No te dio el Creador esta belleza para meterla bajo seis paños de lienzo. Comparte tus gracias con quien bien te quiere. Mira que es pecado hacer penar a los hombres pudiéndolos remediar.

Pero Areúsa no quería halagos y le pidió un remedio para su dolor. Celestina le recomendó olores fuertes como el poleo, la ruda o el humo de romero o de incienso, aunque ella encontraba más alivio con otra cosa que no se atrevía a revelarle. Areúsa, entendiendo a qué se refería, le dijo que no podía usar ese remedio porque su amante se había ido a la guerra y no quería engañarle. De nuevo le preguntó el motivo de su visita.

—Ya sabes lo que te dije de Pármeno. Se queja de que no quieres verlo, y bien sabes que lo tengo por hijo. Elicia y tú sois parientas, Sempronio y Pármeno son compañeros, ¿qué mejor combinación?

con las gallinas acostarse muy pronto   **dolor en la matriz** dolores menstruales

No niegues a Pármeno lo que nada te cuesta. Está aquí, ha venido conmigo. Deja que suba y si te parece, que goce él de ti y tú de él.

Areúsa aún dudaba por miedo a que lo supiera su amante, mas Celestina la reprendió por tener miedo de quien estaba lejos. Debía seguir sus consejos, que tan útiles le habían sido a Elicia, ya una gran maestra que presumía de tener uno en la cama, otro a la puerta y otro suspirando por ella. Así pues, llamó a Pármeno y lo hizo entrar. Y como ambos se comportaban como dos vergonzosos, llevó ella al mozo hasta la cama de la muchacha y al mismo tiempo le arrancó la promesa de que sería amigo de Sempronio y la obedecería en todo.

—¡Ay, señor mío! —protestaba Areúsa—, ¡ten cuidado, por favor! ¡Y no me toques hasta que se vaya Celestina!

—¿Crees, hija, que nunca he visto yo a un hombre y una mujer juntos? Pero me voy, que me dais envidia de tanto besaros y acariciaros.

Celestina llegó tarde a casa. Elicia, que la estaba esperando, protestó:

—¿Son estas horas de volver a casa? Vino a buscarte el padre de la muchacha que llevaste el día de pascua al canónigo*. Ahora la quiere casar y necesita que la remedies para que el marido no note la falta de virginidad. Y volverá, que te dio una pulsera de oro en pago por tu servicio.

Celestina la regañó por no haber hecho ella el trabajo: ya se lo había visto hacer mil veces. Y si no aprendía, llegaría a vieja sin tener un oficio con el que mantenerse. Pero a Elicia no le gustaba ese oficio, y el futuro no le preocupaba. Prefería disfrutar de la vida, pues de la muerte no se libra nadie, ni el pobre ni el rico; ni Celestina con su oficio ni ella sin él.

Y así se fueron a dormir.

____

canónigo sacerdote que tiene su puesto en una catedral

Acto VIII

Aún en la alcoba de Areúsa, Pármeno se despertó y se asustó de ver la luz del día. Abrió la ventana y descubrió que era muy tarde.

—Si hace poco que nos acostamos, ¿ya va a ser de día? Y aún no se me ha quitado el dolor de la matriz.

—Vida mía, perdóname, pues es muy tarde y si llego más tarde mi amo no me tratará bien. Pero volveré mañana y todas las veces que me mandes. Ven tú hoy a las doce a comer con nosotros a casa de Celestina.

Quedaron así de acuerdo y se marchó Pármeno corriendo. Por el camino iba el muchacho en la gloria, dando las gracias a Celestina por su felicidad y hablando consigo mismo de las maravillas del placer. Sempronio, que lo esperaba a la puerta de casa, lo vio llegar y, muy enfadado por su tardanza, le acusó de holgazán.

—¡Oh Sempronio, amigo y hermano! No estropees mi placer con tus reproches. Recíbeme con alegría que te contaré maravillas de mis aventuras pasadas. Hablo de una que puede competir con Melibea en hermosura.

—Entonces, ¿ya todos amamos? El mundo se pierde. Calisto ama a Melibea, yo a Elicia y tú has buscado quien te haga perder el poco seso* que tenías. No te sorprendas si te llamo loco, que es tu misma opinión: te he oído dar consejos vanos a Calisto y contradecir a Celestina. Ahora, si puedo dañarte lo haré.

Pármeno lo llamó de nuevo hermano, e intentó calmarlo, pero Sempronio le recordó que trataba muy mal a Calisto, aconsejándole no amar a Melibea mientras él se buscaba una amante. No era amigo quien hincaba* clavos de malicia a cada palabra dicha.

seso razón, inteligencia   hincaba clavos de malicia hacía daño

—Había oído decir que el placer no viene nunca sin su contraria zozobra*—dijo Pármeno—. Ahora lo sé por experiencia: a los días serenos y claros soles, nublados oscuros y lluvias se suceden; a las risas y deleites, llantos y pasiones mortales les siguen. ¿Quién no caería de la dicha que alcancé con mi querida Areúsa, siendo tan maltratado como yo de ti? Dame tiempo de decirte que estoy en todo contigo y con Celestina, que este juego con nuestro amo y Melibea está en nuestras manos y prosperaremos todos.

Sempronio se alegró de estas palabras y esperó que las obras las acompañaran. Ya amansado, le preguntó sobre su aventura con Areúsa.

—Tuve una buena madrina en este asunto. Así que quien a buen árbol se arrima*... Oh hermano, ¿qué te contaría de las gracias y de la hermosura del cuerpo de esa mujer? Y no me pidió nada, aunque lo habría dado por bien empleado. La invité a comer a casa de Celestina y, si te place, vamos para allá: tú y ella, y allá está la vieja y Elicia.

—Sí, me alegra mucho, hermano —contestó Sempronio—. Todo el enfado anterior se me ha tornado en amor. No dudo ya de tu unión con nosotros, quiero abrazarte, ¡seamos como hermanos! Comamos, que nuestro amo ayunará* por nosotros.

Quiso saber Pármeno qué hacía Calisto, y le dijo su amigo que estaba aún en la cama, no había dormido y tampoco estaba despierto; si él entraba roncaba, si salía deliraba. Decidieron que mejor era no preocuparse de él, sino de la comida del día. Pensaba Pármeno robar de la despensa pan blanco, vino, tocino y seis pares de pollos; y haría creer a Calisto que ya los había comido. Luego, a la mesa, hablarían largamente de su provecho en los amores de Calisto. Ya de acuerdo, subieron a ver cómo estaba Calisto. Lo encontraron cantando:

---

zozobra angustia, tormento
quien a buen árbol se arrima... (buena sombra le cobija)
refrán: si estás cerca de personas poderosas o sabias,
obtendrás beneficios

ayunará estará sin comer; aquí se refiere a que perderá sus
riquezas

Corazón, bien se te emplea*
que penes y vivas triste,
pues tan pronto te venciste
del amor de Melibea.

Los dos escuchaban a su amo y se burlaban de él. Calisto se percató de su presencia y les preguntó si era ya de noche. Cuando supo que era de día no lo quería creer.

—Olvida, señor, un poco a Melibea —dijo Sempronio—, y verás la claridad. Que con la mucha que ves en su cara estás encandilado* y no ves nada.

Entonces se oyeron fuera las campanas de la iglesia.

—Ahora te creo, que tocan a misa. Dame mis ropas: iré a la iglesia de la Magdalena a rogar a Dios que ayude a Celestina y ablande el corazón de Melibea, o que dé fin a mis tristes días.

Sempronio aconsejó a su amo mayor paciencia, que no es propio de discretos* desear lo que puede acabar mal. Calisto quería tener a Melibea en un solo día, como si fuera una mercancía de la plaza; pero una gran felicidad no se gana en poco tiempo. La razón debe, le dijo, superar a la voluntad.

—¡Oh loco! Dice el sano al doliente*: «Dios te dé salud». No quiero tus consejos, que me avivan las llamas que me consumen. Me voy a misa y volveré cuando me deis nuevas de Celestina.

Sempronio le instó a comer alguna conserva; fue Pármeno a por ella aprovechando así para robar algún bote y llevárselo a sus mujeres. Comió Calisto y, sintiéndose mejor, se despidió de sus criados.

---

bien se te emplea... la canción dice que su corazón se merece sufrir, porque se dejó vencer pronto por el amor de Melibea
encandilado alucinado
no es propio de discretos... las personas sensatas no desean la muerte
dice el sano al doliente... refrán: es fácil dar consejos a los que tienen problemas cuando tú no los tienes

Comprensión lectora

1 **Elige la opción correcta.**

1 Celestina piensa que los jóvenes...

A ☐ no piensan que algún día se harán viejos

B ☐ no deben murmurar

C ☐ no deben pensar en divertirse

2 Celestina dará su herencia a Pármeno cuando éste...

A ☐ cumpla 18 años

B ☐ se haga amigo de Sempronio

C ☐ sepa valerse por sí mismo

3 La madre de Pármeno...

A ☐ estaba en la cárcel

B ☐ había sido bruja

C ☐ trabajaba en las escaleras de la plaza

4 Pármeno y Celestina se detuvieron en casa de...

A ☐ Alisa

B ☐ Areúsa

C ☐ Elicia

5 Pármeno llegó tarde a casa porque...

A ☐ había dormido con Areúsa

B ☐ había hablado con Celestina

C ☐ ya no respetaba a Calisto

6 Aquella noche, Calisto...

A ☐ no había dormido pensando en Melibea

B ☐ había ido a hablar con Melibea

C ☐ no había comido nada

2 Une cada expresión con su significado.

1 ☐ «No te dio el Creador esta belleza para meterla bajo seis paños de lienzo»

2 ☐ «Tú has buscado quien te haga perder el poco seso que tenías»

3 ☐ «No soy amigo de quien hinca clavos de malicia a cada palabra que digo»

4 ☐ «Señor, con la mucha claridad que ves en su cara estás encandilado y no ves nada»

5 ☐ «No quiero tus consejos, que me avivan las llamas que me consumen»

a No me gusta que me provoquen cuando hablo.

b Me aumentan el sufrimiento del amor no consumado.

c No debes esconder tu cuerpo con tanta ropa, porque es muy hermoso.

d El amor te ha cegado y no ves bien la realidad.

e Has encontrado una persona que te ha enamorado.

Gramática y vocabulario

3 Escribe de nuevo las frases en tu cuaderno, sustituyendo las partes subrayadas por sus pronombres.

1 Pármeno no soportaba a Sempronio.

2 Celestina dijo a Pármeno que debía ser más reposado. Luego daría a Pármeno su herencia.

3 «Por favor Pármeno, no me nombres a tu madre».

4 La madre de Pármeno quitó siete dientes a un ahorcado.

5 Celestina no olvidó que había hecho una promesa a Pármeno.

6 Celestina recomendó a Areúsa olores fuertes como el poleo.

7 A Claudina dieron tormento hasta que confesó.

8 Claudina conocía a Celestina.

9 «Llevaron a la cárcel a tu madre y a mí».

10 Pármeno dijo a Celestina que perseverar era lo peor.

Vocabulario

4 El condicional simple como referencia de futuro en el pasado. Pasa de estilo directo a estilo indirecto.

1 Celestina le dijo: «Solo así te podré dar la herencia de tu padre».

_____

2 Pármeno dijo: «Seré amigo de Sempronio».

_____

3 Pármeno le dijo: «Te obedeceré en todo».

_____

4 Celestina le dijo: «Llegarás a vieja sin tener un oficio».

_____

5 Pármeno dijo: «Haré creer a Calisto que ya lo ha comido todo».

_____

6 Pármeno dijo: «Mientras comemos, hablaremos de nuestro provecho en los amores de Calisto».

_____

7 Calisto dijo: «Volveré cuando me deis nuevas de Celestina».

_____

5 ¿Ser o estar? Elige la opción correcta.

1 Pármeno _era/estaba_ confuso: no sabía qué hacer.

2 Según Celestina, Sempronio _es/está_ apreciado, elegante y gracioso.

3 Celestina sabe que Claudina _es/está_ en el cielo y eso la consuela.

4 Areúsa se _era/estaba_ desnudando para acostarse.

5 Pármeno _era/estaba_ detrás de la puerta, esperando.

6 Por fin Pármeno _era/estaba_ de acuerdo con los planes de Celestina y Sempronio.

7 Cuando Pármeno llegó a casa, Calisto _era/estaba_ despierto.

8 «Vida mía, perdóname, pues _es/está_ muy tarde y tengo que irme».

9 Cuando Calisto supo que ya _era/estaba_ de día no lo quería creer.

10 La madre de Pármeno _fue/estuvo_ partera durante dieciséis años.

Expresión escrita

6 Pármeno y Sempronio van a comer a casa de Celestina, con Elicia y Areúsa. Inventa tú un menú completo para cinco personas. Escríbelo, sin olvidarte de nada.

Entremeses

Primer plato

Segundo plato

Guarnición

Postre

Bebidas

Comprensión auditiva

▶ 5 **7** Escucha la primera parte del siguiente Acto y di si estas frases son verdaderas (V) o falsas (F).

	V	F
1 Celestina es una mujer muy devota que reza mucho.	☐	☐
2 Elicia se enfada con Sempronio porque tarda en llegar.	☐	☐
3 Elicia y Areúsa piensan que Melibea es hermosa.	☐	☐
4 Areúsa cree que Lucrecia no goza de la vida.	☐	☐
5 Areúsa es la criada de una señora.	☐	☐

Acto IX

▶ 5 Sempronio y Pármeno iban hablando mientras se dirigían a casa de Celestina. Pármeno sugirió pasar por la iglesia para ver si Celestina había terminado sus oraciones y en tal caso acompañarla.

—Mal conoces a Celestina —replicó Sempronio—, cuando tiene qué hacer, no se acuerda ni de Dios ni de los santos. La conozco mejor que tú. Cuando cuenta el rosario* lo que cuenta son los virgos que tiene a su cargo y los enamorados que hay en la ciudad. Cuando mueve los labios está inventando mentiras. De esto vive.

Fue Celestina quien les recibió, y llamó alegremente a las muchachas. Elicia protestó que la tardanza de los mozos se debía a que Sempronio no quería verla.

—Calla, mi señora, mi vida, mis amores, que quien a otro sirve no es libre. Sentémonos a comer. Madre Celestina, tú primero.

—Sentaos vosotros, hijos. Poneos cada uno con la suya, yo me pondré con esta jarra de vino. Desde que me hice vieja el vino es mi compañero: me quita el frío en invierno y me tiene alegre. Con el vino y una corteza de pan me basta para tres días. El vino conforta, da fuerza al viejo y coraje al cobarde; quita el mal olor del aliento, ayuda a soportar la fatiga a los segadores y sana las muelas. Pero el bueno es caro y el barato es malo. Por eso bebo solo una docena de veces en cada comida.

Sempronio devolvió a todos a la realidad:

—Tía señora, hablemos de los amores del perdido de nuestro amo y la graciosa y gentil Melibea.

—¡Vete de aquí, enojoso! —se apartó de él Elicia—. ¡Qué comida me has dado! Querría vomitar oyéndote llamar a aquella gentil. ¡Qué poca vergüenza!

---

cuenta el rosario contar el rosario es rezar una oración por cada una de las bolitas que componen el rosario

Aquella hermosura se compra en las tiendas, que le viene de los buenos vestidos que lleva. Ponédselos a un palo y también diréis que es gentil.

—Pues si la ves en ayunas* —siguió Areúsa—, luego no puedes comer del asco en todo el día. Que Melibea tiene las tetas como si hubiera parido tres veces, y el vientre flojo como el de una vieja. No sé por qué la ama Calisto.

Sempronio dijo que siendo ambos de linaje, era natural que se buscaran. No estuvo de acuerdo Areúsa: para ella cada uno debe ser bueno por sí mismo, y no buscar la nobleza en los antepasados. Así habrían seguido en largas disputas, pero Celestina les calmó y preguntó por Calisto. Le contaron que fue medio loco y desesperado a la misa de la Magdalena, diciendo que no volvería hasta que ella le llevara a Melibea. Y los regalos prometidos no se sabía para cuándo eran.

—No importa para cuándo, —dijo Celestina—, lo que se gana con poco trabajo mucho alegra, y más si viene de uno tan rico que con lo que a él le sobra viviría yo holgada*. A los ricos no les duele gastar si es por amor: no ven ni oyen; no comen ni beben, ni ríen ni lloran.

No quiso Sempronio ser menos y narró que él también había perdido el juicio, pasado noches en vela, había arriesgado la vida lidiando toros, rompiendo espadas y saltando muros, solo por ganarse a Elicia. Pero ella aún estaba enfadada:

—¿Piensas que me tienes ganada? Pues en cuanto te das la vuelta, ya tengo en casa a otro más guapo que tú.

—Déjala, hijo —dijo Celestina—, que está celosa porque has alabado a Melibea. Pero en realidad no ve la hora de terminar de comer para lo que yo me sé. Y su prima igual. Gozad de vuestras mocedades, besaos y abrazaos, que a mí solo me queda consumirme de envidia. ¡Cómo os reís, putillos! ¡Loquillos, traviesos!

---

en ayunas sin haber comido nada, con el estómago vacío   **holgada** tranquila, sin preocupaciones

Mientras así se divertían, llamaron a la puerta; por la voz Elicia reconoció a Lucrecia. Celestina lamentó el estado de aquella muchacha siempre encerrada, que no gozaba de su juventud.

—Es verdad —asintió Areúsa—, las que sirven a señoras no gozan del amor. Ni hablan con sus iguales: no pueden decir «¿Qué cenaste? ¿Cuántas gallinas crías? ¿Cómo está tu enamorado? ¿Quiénes son tus vecinas?». Oh, tía, qué dura es la vida con estas señoras: maltratan a las criadas y luego se inventan mil injurias, les dan cien azotes y las echan de casa diciendo «¡Vete, ladrona, puta, no destruirás mi casa y mi honra!». Por eso he preferido yo ser señora de mi pequeña casa.

Entró Lucrecia saludando a todos. Celestina saludó también, y dijo con añoranza:

—¿Te parecemos muchos? Hace veinte años tenía a mi mesa a nueve muchachas. Cómo gira la rueda del mundo. Es ley de fortuna que todo cambie: estuve en la cumbre y he bajado. En esto veo que me queda poca vida.

Le preguntó Lucrecia si tantas muchachas le habían dado mucho trabajo.

—¿Trabajo? Antes descanso y alivio, que me obedecían y honraban. Yo estaba rodeada de servidores gracias a ellas: caballeros, viejos, mozos, y toda la clerecía, del obispo al sacristán. Cuando entraba en la iglesia, me trataban como a una duquesa. Allí mismo concertaban sus visitas. Allí me daban dinero y me besaban la mano. En mi casa entraban pollos, perdices, jamones, tortas y lechones. Y el vino me sobraba. ¡No sé cómo puedo vivir cayendo de aquel estado!

Lloraba la vieja y la consolaron como pudieron, dejándola luego sola con Lucrecia. Melibea pedía su cordón y además solicitaba la presencia de Celestina: se sentía fatigada, con desmayos y dolores de corazón.

—De estos dolorcillos es más el ruido que las nueces*, pero vamos, que le llevo lo que quiere.

---

es más el ruido... del refrán "mucho ruido y pocas nueces"; hay cosas que parecen graves a primera vista, pero después no lo son en realidad

Acto X

Melibea paseaba por su alcoba, impaciente:

—¡Oh desgraciada de mí! Por qué no acepté ayer a la petición de aquel señor cuya vista me cautivó? ¿Por qué no le contenté a él y me sané a mí? ¿No habrá ya puesto los ojos en otra? ¡Oh mi fiel Lucrecia! ¿Qué pensarás de mí? ¡Oh Dios, que mi corazón pueda disimular el deseo que lo atormenta! ¿Y podrá, tan lastimado por el venenoso bocado* que aquel caballero le dio? Oh, ¿por qué las mujeres no podemos descubrir nuestro ardiente amor, como los hombres?

Cuando llegó Celestina, Melibea le pidió enseguida el favor de su sabiduría para curarla. Le preguntó Celestina cuál era su mal; serpientes que mordían su corazón, respondió Melibea.

—Necesito saber tres cosas. La primera, qué parte del cuerpo te duele más; la segunda, si es un dolor nuevo; la tercera, si el mal procede de un cruel pensamiento asentado en ese lugar. Al médico, como al confesor, hay que decirle la verdad.

—Mujer sabia y maestra, mi mal está en el corazón, y tiende sus rayos por todas partes. Lo segundo, sí: es nuevo este mal en mi cuerpo, que nunca pensé que dolor podía quitarme el seso*, el comer y el dormir. Y tercero, no sé qué pensamiento decirte porque no ha muerto ningún allegado* ni he perdido bienes ni he tenido malos sueños; solo la alteración que me causó tu petición ayer por parte del caballero Calisto.

Le dijo Celestina que no era Calisto la causa de su sentimiento, sino otra que ella adivinaba pero no se atrevía a decir por miedo a su ira. La muchacha, vencida por los rodeos* que daba la vieja, pidió con súplicas el remedio a su tormento aunque tuviera que deshonrarla o dañar su fama.

---

venenoso bocado el amor es visto como un veneno que envenena el corazón (por eso se sufre)
quitarme el seso volverme loca

allegado pariente
rodeos la astuta Celestina habla de forma indirecta de las cosas, sin llegar al asunto que le interesa a Melibea

Lucrecia se escandalizó viendo perdida a su ama en manos de la hechicera. Celestina, siempre alerta, se las arregló para echar a la criada y quedarse a solas con Melibea.

—Calisto está en este asunto, necesitas la medicina que viene de sus manos.

—Calla madre, por Dios, no lo nombres que me matas, no digas de él nada.

Celestina la acosaba diciéndole que debía soportar con paciencia el dolor que le producía la sola mención de Calisto.

—Lo que tú tienes se llama amor dulce. Es un fuego escondido, una agradable herida, un sabroso veneno, una dulce amargura, un alegre tormento, una blanda muerte. Y yo sé que hay una flor que te librará de todo esto: Calisto.

Al oír este nombre, Melibea se desmayó al instante. Celestina empezó a dar grandes voces llamando a Lucrecia: temía por su propia vida si le sucedía algo a la muchacha. Melibea, recobrándose, confesó:

—Ya no puedo ocultarte lo que sabes: hace días me habló de amor ese caballero y me enojé; ahora me alegra oír su nombre. Con el cordón te llevaste mi libertad. Su pena también es la mía.

Celestina dio por bien empleadas las dificultades pasadas y le propuso un encuentro secreto con Calisto, esa misma noche a las doce, a las puertas de aquella misma casa. Melibea aceptó con gran gozo y Celestina se despidió.

—Amiga Lucrecia, ahora sabes que amo a Calisto. Por Dios, guarda mi secreto para que disfrute de este dulce amor.

—Señora, hace mucho que conozco tu deseo. Y me duele tu perdición. Pero como solo te queda morir o amar, elige lo mejor para ti.

Llegaba entonces Alisa, que había visto salir a Celestina, y alertó a su hija contra ella: a la tercera vez que entraba en una casa ya engendraba sospechas y dañaba la fama. Le prohibió recibirla a solas, y Melibea prometió obedecer.

Acto XI

Iba Celestina alegremente hacia su casa, cuando vio a Pármeno y a Sempronio que iban a buscar a su amo a la iglesia. Decidió seguirles para dar la buena noticia a Calisto y recibir su recompensa. Sempronio vio a su amo arrodillado ante el altar.

—Señor, mira que dará qué hablar tu permanencia aquí tanto tiempo: al muy devoto llaman hipócrita. Sufre tu pena en casa, sin que lo sepa nadie, que está el asunto en las buenas manos de Celestina.

En ese momento llegó ella y Calisto no pudo evitar su alborozo, sobre todo al verla tan alegre. Salieron de la iglesia y allí le contó Celestina que traía buenas noticias:

—He dejado otros negocios por seguir el tuyo, perdiendo ganancias. Pero sea en buena hora*, que te traigo buenas noticias: Melibea es más tuya que de sí misma.

—Melibea es mi señora, mi dios, mi vida. ¡Yo soy su siervo! Madre, nunca te podré pagar como te mereces. En lugar de manto y saya, toma esta cadenilla y sigue hablando, por favor.

Los criados, viendo el enorme collar de oro, quedaron sorprendidos y calcularon que dividiéndolo, cada parte valdría al menos medio marco de oro. Celestina agradeció la generosidad del regalo de Calisto y aseguró que ella estaba a punto de corresponderle devolviéndole la salud y el seso que había perdido.

—Melibea te ama y quiere verte, pena más por ti que tú por ella, Melibea se llama tuya, para ella este amor es su libertad y desea amansar el fuego que más que a ti le quema.

—Mozos, ¿estoy yo aquí? Mirad si estoy dormido o despierto. ¿Es

sea en buena hora ha valido la pena

de día o de noche? Oh Dios, Padre celestial, dime que esto no es un sueño. ¡Despierto estoy! No te burlas de mí, ¿verdad, señora?

—Habrás de ver tú mismo si burlo o no esta noche: irás a su casa cuando el reloj dé las doce y hablaréis a través de las puertas. Ella misma te hablará del amor que siente.

Calisto no cabía en sí de gozo*, y pensaba morir en la espera; ni siquiera se creía digno de ser recibido por Melibea, así que aún no se podía creer que ella lo amaba.

Los criados tampoco lo creían. Pármeno temía que fuera una trampa.

—Me da mala espina* la rapidez con que la señora acepta tus pretensiones. Madre, con palabras dulces se vengan muchas injurias. De la misma forma Melibea purgará su inocencia con la honra de Calisto y nuestra muerte.

—¡Callad, locos, sospechosos! Los ángeles no pueden hacer daño; y Melibea es un ángel que vive en la tierra.

Celestina le dio la razón a Calisto y se fue contenta del trabajo que había hecho, y más del regalo que había recibido. Ofreciendo sus servicios cuando fuera necesario, se fue a su casa.

—¡Ji, ji, ji! —se rió Pármeno viendo cómo corría Celestina—, no se cree todavía que le hayan dado tal regalo.

—¿Qué quieres que haga una puta alcahueta como ella al verse llena de oro? Se esconde para que no se lo quiten. ¡Pues guárdese del diablo, no sea que por no repartir le saquemos el alma!

no cabía en sí de gozo estaba contentísimo, feliz

me da mala espina me hace sospechar, tener malos presentimientos

Comprensión lectora

1 **Une cada pregunta con su respuesta adecuada.**

1 ☐ ¿Qué dice Celestina cuando mueve los labios mientras cuenta el rosario?
2 ☐ ¿Cuántas veces bebe vino Celestina en cada comida?
3 ☐ ¿Cómo consigue ser hermosa Melibea, según Elicia?
4 ☐ ¿Quién lidió toros para conseguir a su amada?
5 ☐ ¿Por qué fue Lucrecia a buscar a Celestina?
6 ☐ ¿Dónde sentía dolor Melibea?
7 ☐ ¿Con qué compara Melibea su dolor?
8 ☐ ¿Qué le pasó a Melibea al oír el nombre de Calisto?

a Sempronio.
b Comprando hermosos vestidos.
c Mentiras.
d Con mordeduras de serpientes.
e Unas doce.
f Se desmayó.
g Porque Melibea quería su cordón y necesitaba ayuda.
h En el corazón.

2 **Completa el texto eligiendo la opción correcta.**

Cuando llegó Celestina, Melibea le pidió enseguida el favor de su (1) _____ para curarla. Le preguntó Celestina cuál era su (2) _____; serpientes que mordían (3) _____ corazón, respondió Melibea.

»Necesito saber tres cosas. La primera, qué parte del cuerpo (4) _____ más; la segunda, si es un dolor nuevo; la tercera, si el mal procede (5) _____ un cruel pensamiento asentado en ese lugar. (6) _____ médico, como al confesor, hay que decirle la verdad.

»Mujer sabia y maestra, (7) _____ mal está en el corazón, y tiende sus rayos por todas partes. Lo segundo, sí: es nuevo este mal en mi cuerpo.

Y tercero, no (8) _____ qué pensamiento decirte porque no ha muerto ningún allegado ni he perdido bienes ni he tenido malos sueños.

1	a) sabiduría	b) sabia	c) sabía
2	a) malo	b) enferma	c) mal
3	a) suyo	b) sus	c) su
4	a) te duelen	b) te duele	c) se duele
5	a) de	b) por	c) desde
6	a) El	b) Al	c) Lo
7	a) mi	b) mío	c) el mi
8	a) se	b) sé	c) sabe

Gramática y vocabulario

3 **Completa las frases con los marcadores temporales.**

> enseguida • hace días • hasta que • cuando • en cuanto
> entonces • luego • en ese momento • desde que • mientras

1 « _____ me hice vieja el vino es mi mejor compañero».

2 «Calisto no volverá de la iglesia _____ le lleves a Melibea».

3 «_____ entraba en la iglesia, todos me trataban como a una duquesa».

4 «_____ me habló de amor ese caballero y me enojé; ahora me alegra oír su nombre.

5 _____ llegó ella y Calisto no pudo evitar su alborozo, sobre todo al verla tan alegre.

6 « _____ te das la vuelta, ya tengo en casa a otro más guapo que tú».

7 Sempronio y Pármeno iban hablando _____ se dirigían a casa de Celestina.

8 «Si ves a Melibea en ajunas, _____ no puedes comer de asco en todo el día».

9 Llegaba _____ Alisa, que había visto salir a Celestina.

10 Cuando llegó Celestina, Melibea le pidió _____ el favor de su sabiduría para curarla.

4 Subraya el indefinido adecuado.

1 Mi señora, quien a *otro/ningún* sirve no es libre. Sentémonos a comer.

2 Hijos, poneos *todo/cada* uno con la suya, yo me pondré con esta jarra de vino.

3 Bebo solo una docena de veces en *todas/cada* comida.

4 Si ves a Melibea en ayunas, luego no puedes comer del asco en *todo/ninguno* el día.

5 Lucrecia preguntó a Celestina si *tantas/cada* muchachas le habían dado mucho trabajo.

6 Mi mal está en el corazón, y tiende sus rayos por *cada/todas* partes.

7 A Melibea no se le ha muerto *ningún/ninguno* allegado.

8 Celestina, por Dios, no lo nombres que me matas, no digas de él n*ada/ninguna*.

9 Celestina temía por su propia vida si sucedía *algo/alguno* a la muchacha.

10 Calisto, sufre tu pena en casa, sin que lo sepa *nadie/ninguno*.

5 Completa el cuadro con las mismas personas del verbo, pero en Pretérito Imperfecto.

dirigen	
salgo	
quedan	
hemos	
sugiere	
vuelve	
sabemos	
vivís	
callas	
oímos	

Expresión escrita

6 En el texto **Celestina** cuenta cómo era su vida hace unos años. Imagina que **Melibea** también cuenta cómo vivía ella cuando era pequeña. Escribe una breve autobiografía de 50 o 60 palabras. Empieza así:

Mi infancia fue muy feliz. Cuando era una niña me levantaba muy tarde...

ACTIVIDAD DE PRE LECTURA

Expresión oral

7 Sempronio y Pármeno no están muy contentos con Celestina porque se ha llevado la cadena de oro. ¿Qué pasará ahora? Elige una de estas posibilidades y explica brevemente (en dos o tres minutos) lo que sucederá.

- Celestina vende la cadena. Hace las compras.
- Pármeno y Sempronio le roban la cadena. Celestina descubre todo el plan.
- Calisto regala más oro a sus criados. Lo celebran en casa de Celestina.

Acto XII

▶ 6 Llegada la noche, Calisto hizo que sus criados prepararan las armas para acudir a su cita con Melibea.

Luego salieron y recorrieron las calles más oscuras para no dejarse ver. Llegando a las puertas de Melibea pidió Calisto a Pármeno que se acercara a ver si estaba.

—¿Yo, señor? Mejor es que vayas tú, que si me ve a mí se asustará porque pensará que su secreto muchos lo saben.

Convencido, Calisto se acercó a la puerta de Melibea. Pármeno pensó en el peligro que había evitado: aquel necio de su amo había querido usarlo como escudo, pero él no se fiaba, ¿y si había traición? ¡Cómo se alegraba ahora de haberse unido a Celestina! Los dos amigos estaban preparados: tomarían las de Villadiego* si oían alguna voz.

Calisto, pegado a la puerta de Melibea, la llamó; desde el interior, ella reconoció su voz.

—Señor, la sobrada* osadía de tus mensajes me ha obligado a llamarte. Después de lo que te dije cuando nos vimos aquí, no sé qué más piensas sacar de mí. Desvía esos vanos y locos pensamientos. A esto vine, a despedirme de ti. No quiero que mi fama esté en lenguas maldicientes.

—¡Oh, desafortunado Calisto, cómo se han burlado de ti tus sirvientes! ¡Oh engañosa Celestina! ¿Por qué no me dejaste morir en vez de aumentar mi esperanza y con ella mi tormento?

Oyendo el llanto de Calisto, Melibea no pudo seguir fingiendo indiferencia:

—Cesen, señor mío, tus quejas, que mi corazón no puede sufrirlas.

---

tomarían las de Villadiego se irían corriendo   **sobrada** excesiva

¡Oh mi señor y mi bien todo, cuánto me alegraría poder ver tu cara y no solo oír tu voz! Te confirmo todo lo que dijo aquella fiel mensajera, seca tus ojos.

—¡Oh señora mía, qué merced* haces a este indigno hombre permitiéndole gozar de tu suavísimo amor! No me juzgaba digno de ti. ¡Oh, has obrado en mí un milagro! La luz de tu rostro encendió mi corazón, mermó mi cobardía y me hizo venir hasta aquí para oír tu dulce voz.

Confesó Melibea que lo amaba desde el primer día y ahora que estaba allí maldecía la puerta que los separaba; Calisto, cegado por la pasión, quiso llamar a los criados para echarla abajo pero Melibea se lo impidió:

—¿Quieres perderme, amor mío, y dañar mi fama? El tiempo ahora es escaso: ven mañana a esta hora por las paredes del huerto.

Los criados, espantados de las intenciones de Calisto, se prometieron huir ante el primer ruido. De pronto oyeron un gran estruendo.

—¡Escucha! ¿Oyes, Pármeno? ¡Mal andamos, muertos somos! ¡Corre, huye!

Los dos salieron corriendo, pero Sempronio se percató de que era la gente del alguacil* haciendo la ronda y llamó a Pármeno para detenerlo.

—¿Estás seguro, Sempronio? Mira bien, que a veces los ojos engañan. No me ha quedado gota de sangre en el cuerpo, nunca había tenido tanto miedo de morir.

—Vuelve, que era el alguacil. Lo mejor es andar sin armas: cargado de hierro, cargado de miedo.

Los dos amantes oyeron ruido en la calle. Calisto tranquilizó los temores de Melibea:

—No temas, señora: estoy protegido. Mis dos criados solos se

merced regalo de gran valor, favor

alguacil oficial de la justicia que vigilaba el orden de las calles por la noche

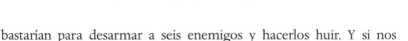

bastarían para desarmar a seis enemigos y hacerlos huir. Y si nos descubren, nos librarán de toda la gente de tu padre.

En ese momento avisó Pármeno a su amo de que venía gente con hachas* y podrían reconocerle.

—¡Oh desdichado, qué difícil es separarme de ti, mi señora! Pero temo más dañar tu honra que mi propia muerte. Vendré mañana, como ordenaste, por el huerto.

Ya en su casa, Calisto se preparó para ir a dormir y reprochó a Pármeno lo mal que había tratado a Celestina.

—Sin ella, ¿qué habría conseguido? ¿Habéis oído lo que con mi señora he pasado? ¿Vosotros qué hacíais? ¿Temíais algo? ¿Habéis dormido algún rato?

—Señor, solo los cobardes temen —dijo Sempronio—, ¡estábamos siempre listos y con las armas a mano! Yo ni siquiera me senté, siempre mirando a todas partes; y Pármeno, cuando vio a los de las hachas quería ir a quitárselas, pero eran demasiados.

Quedó muy satisfecho Calisto, alabó la valentía de sus mozos y les prometió una justa recompensa. Cuando se fue Calisto a dormir, Pármeno y Sempronio se dirigieron a casa de Celestina para cobrar su parte de la cadena de oro.

Aún no había amanecido cuando llegaron, y la llamaron por la ventana de su habitación.

—¡Entrad, entrad, locos traviesos! ¿Cómo venís a esta hora, que aún no amanece? ¿Qué os ha pasado? ¿Todavía vive Calisto en la esperanza, o la ha perdido? ¿Cómo está?

Dijo Sempronio que gracias a ellos su amo aún vivía, y por eso les

---

hachas aquí, antorchas o grandes velas para iluminarse en el camino

debía no solo la vida, sino toda la hacienda.

—Harías mejor en prepararnos algo para comer —dijo Pármeno—, quizá así se nos amansaría la alteración que traemos. Mi gloria sería ahora hallar a alguien en quien vengar mi ira, ya que no pude hacerlo con aquellos que huyeron.

—Lo dices con tal fiereza que parece que te burlas de mí. Sempronio, dime qué ha sucedido.

—Por Dios, sin seso vengo, desesperado, aunque no voy a desahogar mi ira contra ti: nunca abusé de los que poco pueden. Traigo las armas destrozadas, no tengo nada con qué defender a mi amo, y esta noche debe ver a Melibea por el muro del huerto. Y no tengo ni un maravedí* para comprarlas nuevas.

Le sugirió Celestina que le pidiera dinero a su amo, ya que por él las había roto; pero Sempronio le contestó que no quería importunar más a Calisto con aquel negocio, que ya le había costado cien monedas y una cadena de oro. Así, pidió a Celestina su parte de las ganancias.

—¿Estás en tu seso, Sempronio? ¿Qué tiene que ver su salario con mis regalos? ¿Estoy obligada a pagar vuestras armas? Que me maten si no te has agarrado a unas palabrillas que te dije el otro día: que todo lo mío era tuyo. Pero estas palabras de buen amor no obligan. Además, ya tengo yo bastante enojo, que mandé guardar a Elicia la cadenilla y no la encuentra. No hemos dormido en toda la noche por el disgusto, que vinieron unos familiares y temo que la hayan robado. Sabed, pues, que lo que vuestro amo me dio es mío, que dos veces arriesgué la vida por él. Aun así, si aparece la cadena os daré unas calzas* granates, y si no os satisface, peor para vosotros.

Los mozos se enfurecieron por la avaricia de Celestina y la amenazaron

---

maravedí moneda de poco valor

calzas pantalones ajustados de hombre que cubrían toda la pierna

con descubrir a todos lo que hacía, y con sus espadas si no le daban su parte.

—Vivo de mi oficio como todo el mundo, limpiamente. No me maltratéis, que justicia hay para todos y seré oída como vosotros. ¡Elicia, Elicia! Dame mi manto, que me voy a bramar a la justicia como una loca. ¿Sois bravos con una oveja mansa? ¿Con una gallina atada? ¡Allá, allá, los hombres como vosotros! ¡Atacad a los que tienen espada, que es cobardía hacerlo con los débiles! Con un hombre en esta casa no os atreveríais a tanto. Fuera de aquí, si no queréis que estén en la plaza las cosas de Calisto y las vuestras.

—Di lo que quieras —dijo Sempronio sacando la espada—, pero o cumples lo prometido o acaban aquí tus días.

Se acercó Celestina a la ventana si gritó con todas sus fuerzas:

—¡Justicia, señores vecinos, justicia! ¡Que estos rufianes me matan en mi casa!

—¿Rufianes? ¡Espera, doña hechicera, que te haré yo ir al infierno con cartas de presentación! —gritó Sempronio, clavándole la espada.

—¡Ay, que me mata! ¡Confesión*! ¡Ay, ay, confesión! —suplicó Celestina antes caer muerta.

Elicia corrió hacia Celestina llorando:

—¡Oh crueles enemigos, id al infierno! ¡Me habéis matado a mi madre y a mi bien todo!

Se oían grandes voces fuera de la casa, había mucha gente que acompañaba al alguacil; los muchachos, asustados, vieron que la puerta por la que querían huir estaba tomada.

—¡Saltemos por la ventana, Pármeno! ¡No muramos en poder de la justicia!

Los dos mozos desaparecieron precipitándose por la ventana. ▪

---

confesión los creyentes pedían ser confesados por un sacerdote para salvar sus almas

Acto XIII

En su casa, Calisto se despierta alegre:

—¡Oh, qué bien he dormido después de aquella dulce conversación! Este reposo, ¿proviene de mi alegría o del cansancio corporal de los pasados días sin dormir? Oh señora y amor mío Melibea, ¿qué piensas ahora? ¿Duermes o estás despierta? ¿Piensas en mí o en otro? Oh, dichoso Calisto, ¿fue verdad lo que pasó o soñaste? Quiero que me lo digan mis fieles amigos. ¡Tristán, corre a llamar a Sempronio y Pármeno!

Tristán volvió para decirle que no estaban en casa, y Calisto decidió acostarse de nuevo.

—Bajaré a la puerta para que mi amo duerma tranquilo. ¡Oh, qué gritos se oyen en el mercado! ¿Será una ejecución o madrugaron a lidiar toros? De allá viene Sosia, el mozo de espuelas; él me lo dirá. Viene desgreñado* y llorando. Sosia, ¿por qué lloras?

—¡Oh malaventurado de mí, qué mal día amaneció, desdichados mancebos! Sempronio y Pármeno... Nuestros compañeros, nuestros hermanos... ¡Los han degollado* en la plaza!

Decidieron ir corriendo a contar las tristes nuevas a Calisto, quien primero quedó incrédulo y luego se dolió mucho:

—¡Oh mis leales criados, mis fieles servidores y consejeros! ¡Ay Calisto, quedas deshonrado para toda tu vida! Mas, ¿cuál fue la causa?

Le contó Sosia que el verdugo había publicado la causa a grandes voces, diciendo: «Manda la justicia que mueran los violentos matadores». Sorprendido, Calisto quiso saber a quién habían matado.

—A Celestina, que la vi en el suelo de su casa herida con más de

---

desgreñado con el pelo alborotado; cuando un ser querido moría, la gente se tiraba del pelo en señal de duelo

degollado les han cortado la cabeza en público, como castigo

treinta estocadas*, y a su criada llorando.

—¡Oh tristes mozos! ¿Y cómo iban? ¿Te vieron?

—¡Oh señor, con solo verlos se me rompía el corazón! Uno llevaba los sesos fuera de la cabeza e iba sin sentido, el otro tenía los brazos rotos y la cara magullada; todos llenos de sangre porque habían saltado por una ventana al huir del alguacil. Así les cortaron la cabeza; creo que no sintieron nada.

Calisto con gran pesadumbre veía en peligro su honra: si en aquel momento estaban en boca de todos su nombre y su fama, si sus secretos eran públicos, perdía la esperanza de conseguir su propósito. Preguntó al criado la razón por la que habían matado a Celestina.

—Señor, la criada la publica a grandes voces, diciendo que porque no quiso repartir con ellos una cadena de oro que tú le diste.

—¡Oh, día de congoja: mi nombre de boca en boca y mi hacienda de mano en mano! Todo se sabrá, no osaré salir entre la gente. ¡Oh mancebos pecadores, padecer tan repentino desastre; oh gozo, cómo vas desapareciendo! Mucho alcancé anoche, mucho pierdo hoy. ¡Oh, Fortuna, cuánto me has combatido! Pues por cuanto me seas contraria, yo sufriré las adversidades con igual ánimo: en ellas se prueba si el corazón es recio o débil. Pase lo que pase cumpliré el mandato de mi amada, pues ganaré más con la gloria que de ella espero, de lo que he perdido con la muerte de los criados. Ellos eran audaces y esforzados: antes o después debían pagarlo. La vieja era mala y falsa, pues hacía tratos con ellos y luego riñeron por el botín. Dios quiso que murieran por los adulterios que han causado. Sosia y Tristán me acompañarán esta noche. Mañana fingiré que vuelvo a la ciudad para vengar las muertes; mi fingida ausencia justificará mi inocencia.

---

estocadas heridas producidas por la espada

Comprensión lectora

1 **Lee estas frases y di si son verdaderas (V) o falsas (F). Corrige en tu cuaderno las falsas.**

		V	F
1	Pármeno no se acercó a la puerta de Melibea porque tenía miedo.	☐	☐
2	Calisto y Melibea se abrazaron cuando se vieron.	☐	☐
3	Pármeno y Sempronio lucharon con unos desconocidos.	☐	☐
4	Melibea y Calisto quedaron en verse al día siguiente.	☐	☐
5	Calisto se enfadó con sus criados porque se habían dormido.	☐	☐
6	Celestina no quería compartir la cadena de oro con los muchachos.	☐	☐
7	Pármeno y Sempronio consiguieron huir y no los encontraron nunca.	☐	☐
8	Calisto decidió no ir a casa de Melibea por la noche.	☐	☐

2 **¿Quién dice estas frases? Escribe el nombre del personaje que emite cada enunciado.**

> Celestina • Melibea • Sempronio • Calisto
> Pármeno • Tristán • Sosia • Elicia

1 «_____:«¿Yo, señor? Mejor es que vayas tú, que si me ve a mí se asustará»

2 _____:«¡Oh mi señor y mi bien todo, cuánto me alegraría poder ver tu cara y no solo oír tu voz!»

3 _____:«Vuelve, que era el alguacil. Lo mejor es andar sin armas: cargado de hierro, cargado de miedo»

4 _____:« Mis dos criados solos se bastarían para desarmar a seis enemigos y hacerlos huir»

5 _____:«¡Justicia, señores vecinos, justicia! ¡Que estos rufianes me matan en mi casa!»

6 _____:«¡Oh, qué gritos se oyen en el mercado! ¿Será una ejecución o madrugaron a lidiar toros?»

7 _____:«¡Oh crueles enemigos, id al infierno! ¡Me habéis matado a mi madre y a mi bien todo!»

8 _____:«¡Oh señor, con solo verlos se me rompía el corazón!»

Gramática y vocabulario

3 **Vuelve a escribir las frases en tu cuaderno sustituyendo la parte subrayada por su sinónimo correspondiente.**

> se levantaron pronto • persona indefensa • se dio cuenta disminuyó • me atreveré a • cobardes • noticias

1 La luz de tu rostro <u>mermó</u> mi cobardía y me hizo venir hasta aquí

2 Los dos salieron corriendo, pero Sempronio <u>se percató</u> de que era la gente del alguacil.

3 ¿Sois bravos con una <u>oveja mansa</u>?

4 ¡Que estos <u>rufianes</u> me matan en mi casa!

5 ¿Será una ejecución o <u>madrugaron</u> a lidiar toros?

6 Decidieron ir corriendo a contar las tristes <u>nuevas</u> a Calisto

7 Todo se sabrá, no <u>osaré</u> salir entre la gente.

4 **Completa estas frases con el Pretérito perfecto de los verbos.**

1 Señor, la osadía de tus mensajes me _____ (obligar) a llamarte.

2 Oh Calisto, cómo _____ (burlarse) de ti tus sirvientes!

3 Señora, tú _____ (obrar) en mí un milagro.

4 ¡Qué miedo! No me _____ (quedar) gota de sangre en el cuerpo.

5 Mozos, ¿_____ (oír) lo que con mi señora he pasado? ¿_____ (dormir) algún rato?

6 Queridos hijos, ¿qué os _____ (pasar)? ¿Calisto _____ (perder) la esperanza?

7 ¡Malditos! Me _____ (matar) a mi madre y a mi bien todo.

8 ¡Pobres mozos! ¡Los _____ (ellos, degollar) en la plaza!

5 Elige el demostrativo correcto.

1 En _____ momento avisó Pármeno a su amo de que venía gente con hachas.
   a) esto   **b)** ese   **c)** eso

2 «¡Oh, qué bien he dormido después de _____ dulce conversación!»
   a) aquella   **b)** estas   **c)** ese

3 « _____ reposo, ¿proviene de mi alegría o del cansancio corporal de los pasados días sin dormir?»
   a) Eso   **b)** Este   **c)** Esto

4 «¡Justicia! ¡Que _____ rufianes me matan en mi casa!»
   a) aquel   **b)** este   **c)** estos

5 «¡Oh señora mía, qué merced haces a _____ hombre permitiéndole gozar de tu amor!»
   a) eso   **b)** esto   **c)** este

6 Pármeno pensó en el peligro que había evitado: _____ necio de su amo había querido usarlo como escudo.
   a) aquel   **b)** aquello   **c)** esto

6 Subraya el posesivo correcto.

1 Calisto preguntó a *suyos/sus* criados qué hora era.
2 Los criados calmaron los nervios de *su/sus* amo preparando las armas.
3 No quiero que *mi /mía* fama esté en lenguas maldicientes.
4 ¡Oh señora *mí/mía*, qué merced me haces permitiéndome gozar de *tu/el tuyo* suavísimo amor!
5 Sempronio, te has agarrado a unas palabrillas: que todo lo *mí/mío* era *tu/tuyo*.
6 Sabed que lo que *vuestro/el vuestro* amo me dio es mío.
7 Calisto, alabó la valentía de *suyos/sus* mozos y les prometió una justa recompensa.
8 Los mozos amenazaron a Celestina con *sus/suyas* espadas si no les daba su parte.

Expresión oral

7 **Imagina que eres un periodista y tienes que preparar un reportaje para el telediario sobre los sucesos acaecidos en la ciudad esta mañana. Prepáralo con un compañero haciéndole preguntas para saber los siguientes datos:**

- protagonistas
- antecedentes
- móvil del crimen
- descripción del crimen
- consecuencias

Al final de tu entrevista, resume los datos obtenidos en forma de crónica durante 3 o 4 minutos. Puedes empezar así:

Señoras y señores, la ciudad se ha despertado horrorizada por lo sucedido esta mañana...

ACTIVIDAD DE PRE LECTURA

Comprensión auditiva

▶7 **8** **Lee las siguientes frases e intenta adivinar cuáles son verdaderas (V) o falsas (F). Luego escucha el siguiente Acto y comprueba.**

		V	F
1	Calisto está deprimido y no quiere ir al huerto de Melibea.	☐	☐
2	Elicia decide hacerse monja.	☐	☐
3	Areúsa quiere vengarse de Calisto y Melibea.	☐	☐
4	Melibea deja a Calisto cuando se entera de la noticia.	☐	☐

Acto XIV

▶ 7 En el huerto, la afligida Melibea se lamentaba por la tardanza de Calisto:
—Que los ángeles lo protejan, que no esté en peligro. Cuitada de mí, pienso en todo lo que podría sucederle desde su casa hasta aquí. ¿Y si se ha topado con los alguaciles nocturnos y le han atacado al no reconocerlo, y él por defenderse los ha herido, o ellos a él? ¿O si los perros lo han mordido? Oh triste de mí, el amor me hace imaginar tales cosas. ¡Escucha! Se oyen pasos y voces en la calle.

Calisto y sus criados, desde el otro lado del muro colocaban la escalera para acceder al huerto. Ya dentro, Calisto corrió a abrazar a Melibea:
—¡Oh imagen angelica! ¡Oh preciosa perla ante la que el mundo es feo! En mis brazos te tengo y no lo creo.

—Señor mío, me he fiado de ti, pero no dañes mi honor por tan breve deleite. Goza de lo que yo gozo, que es estar junto a ti; no pidas lo que, una vez dado, no se puede devolver*.

—Señora, —insistía Calisto—, pues he gastado toda mi vida en conseguir esta merced no puedo ahora renunciar a ella; no puedo, amándote como yo te amo.

Melibea esquivaba sus caricias intentando detener sus manos:
—¿Por qué me detienes, señora? ¿Cómo puedo calmar mi pasión? Perdona mis desvergonzadas manos que no pueden creer que llegan a tu gentil cuerpo.

Turbada, Melibea mandó alejarse a Lucrecia.
—Déjala —dijo Calisto—, me alegra tener testigos de mi gloria.
—Pero no los quiero yo de mi error.

También Tristán y Sosia eran testigos de todo desde el otro lado del muro:

---

lo que una vez dado... se refiere a su virginidad, que cuando se la quite ya no podrá devolvérsela

—Para una joya así cualquiera tendría manos —suspiró Sosia—, pero con su pan se la coma*, que cara le cuesta; por ella dos mozos han muerto.

—Ya los tiene olvidados. ¡Haz locuras por defender a estos ruines! Míralos, alegres y abrazados, y sus criados degollados.

Oyen entonces las quejas de Melibea:

—¡Oh mi vida! ¿Cómo has querido que pierda la corona de virgen por tan breve deleite? Oh madre, si lo supieras aceptarías tu muerte y la mía. ¡Ay, padre, he deshonrado tu casa! ¡Oh traidora de mí, cómo no vi el error que hacía dejándote entrar!

Vio Calisto que empezaba a amanecer y se lamentó de la brevedad de las horas.

—Señor, pues ya te he dado todo, ya no puedes negar mi amor; ven todas las noches a la misma hora a este secreto lugar. Ahora ve con Dios, que está oscuro y nadie te verá.

Ya en casa, Calisto mandó acostarse a los criados y se fue a su habitación, lleno de preocupaciones:

—¡Oh desgraciado de mí! Cuánto me agrada la soledad; no sé si por separarme de la mujer que amo o por el dolor de mi deshonra. ¡Ay, ay, esta herida duele, ahora que se ha enfriado la sangre que antes hervía, ahora que veo la infamia que cae sobre mí por la muerte de mis criados! ¿Por qué no me presenté para vengar aquella injusticia? ¡Cuánto hemos de pagar por este brevísimo placer mundano que nos es concedido! Triste de mí, ¿qué haré? Si salgo ahora y digo que estaba aquí, será ya tarde; si salgo y digo que estaba ausente, es demasiado pronto. Oh cruel juez, qué mal pago me has dado* por el pan que te dio mi padre. Pensé que contaba con tu favor, pero cuando el vil se hace rico, no tiene amigos. Dios será tu juez, y yo tu peor enemigo. Pero Calisto, ¿hablas

---

con su pan se la coma expresión que significa "allá él, me da igual lo que haga y sus consecuencias"

mal pago me has dado.. se supone que el padre de Calisto había hecho favores al juez de la ciudad

solo? ¿Estás loco? ¿No ves que la justicia no entiende de favores, que es igual para todos? Tus criados cometieron un crimen, la criada fue testigo. El juez obró con justicia, y rápido, así pocos oyeron los pregones y no han difamado mi nombre. Oh, Calisto, acuérdate del gran gozo pasado, que ningún dolor igualará el placer recibido de tu señora. ¡Oh, amada mía! Debo estar alegre, no quiero ya otra honra, ni placer, ni riquezas: de día estaré en mi alcoba y de noche en aquel paraíso. Parece que ha pasado ya un año desde que la vi. Imaginación, ayúdame, tráeme aquella imagen luminosa, sus abrazos amorosos, sus suspiros y dulces besos...

Los criados esperaban asomados al balcón mientras su amo dormía. Vieron pasar a una joven mujer de luto. Sosia la reconoció:

—Aquella que se limpia las lágrimas es Elicia, criada de Celestina y amiga de Sempronio, una bonita moza que se ha quedado sola. La casa en la que entra ahora es de Areúsa, una hermosa mujer, medio ramera*, muy cara. Estuvo con Pármeno, no le agradará su muerte.

---

ramera prostituta

Acto XV

Elicia estaba a la puerta de Areúsa, cuando oyó grandes voces dentro. Pensó que su prima lloraba por la muerte de Sempronio y Pármeno, pero estaba discutiendo con Centurio:

—¡Vete de mi casa, rufián, mentiroso! Me engañas con promesas vanas y halagos. Yo te vestí, te di armas y caballo; ahora, para una cosa que te pido, me pones mil excusas.

—Mándame que mate a diez hombres, pero no que haga ni una legua* de camino a pie.

—¿Por qué te jugaste el caballo? ¡Tahúr*, bellaco! Tres veces te he salvado de la justicia, si no ya estarías ahorcado. ¿Y por qué lo hago? ¿Qué tiene de bueno? Los cabellos crespos, la cara acuchillada, manco de la mano derecha, treinta mujeres en el burdel. ¡Vete de aquí!

Centurio se fue al oír pasos a la puerta. Entró Elicia, que llegaba desconsolada y de luto.

—¡Elicia! ¡Jesús, Jesús, no lo puedo creer! ¿Quién te cubrió de dolor? Me espantas, hemana mía, ¿qué ha pasado?

—Ya sabías de los amores de Calisto y Melibea, y que Celestina puso tanta diligencia como mediadora que al segundo azadazo sacó agua. En pago, Calisto le dio una cadena de oro y cuando se vio tan rica, no quiso repartirla con Sempronio y Pármeno, como habían convenido. Llegaron ellos una mañana y le pidieron su parte; discutieron y se enfurecieron tanto que sacaron las espadas y le dieron mil cuchilladas. Luego, por huir de la justicia saltaron por la ventana, casi muertos los prendieron y sin más dilación los degollaron.

Areúsa sintió compasión por Pármeno, pero intentó calmar el dolor

---

legua medida de longitud que equivale a 5 km y medio   **tahúr** jugador vicioso y que hace trampas de Elicia: no se podía ya hacer nada por los muertos.

—¡Ay, yo rabio, me vuelvo loca, nadie pierde lo que yo pierdo! ¿Adónde iré, que pierdo madre y amante, que era como un marido? ¡Oh, Celestina! Tú trabajabas y yo holgaba, tú rota y yo vestida. ¡Oh Calisto y Melibea, mal fin tengan vuestros amores, que se vuelva llanto vuestra gloria, que las hierbas de vuestro huerto se conviertan en culebras y las flores se pongan negras!

Areúsa, viendo que su prima no tenía consuelo, sugirió que para lo que no había remedio, existía la venganza.

—¿De quién mejor que Calisto y Melibea podemos tomar venganza? Déjame a mí, Elicia, que les amargaré los amores, Centurio matará a Calisto si se lo digo. ¿Cómo puedo enterarme de sus movimientos?

Elicia le señaló a Sosia, mozo que acompañaba a Calisto cada noche al huerto, y Areúsa prometió sacarle la información que necesitaba con mil lisonjas; luego se despidieron.

Acto XVI

Pleberio y Alisa estaban preocupados por el futuro de su hija; sentían que el momento de morir estaba cercano. Debían concertar un matrimonio temprano para Melibea. Cualquier hombre se sentiría contento de recibir a aquella joya, ya que en ella cabían las cuatro virtudes fundamentales: lo primero discreción, honestidad y virginidad; lo segundo, hermosura; lo tercero alto linaje y por último riqueza.

—Dios nos la guarde, Pleberio; encontrar un buen marido es obligación de los padres, y Melibea obedecerá porque es casta, honesta y humilde.

Lucrecia estaba escuchando la conversación de los ancianos progenitores.

—Mala vejez se os prepara; Calisto se lleva lo mejor y ya no hay quien ponga virgos. Tendríais que haberlo pensado antes. ¡Melibea, señora, acércate y escucha! Oirás la prisa que tienen tus padres por casarte.

—Déjalos, razonan en vano: ¿quién me podrá apartar de Calisto? Él es mi vida, mi señor. Que haga de mí lo que desee. Mis padres no deben pensar en casamientos, más vale ser buena amante que mala casada; que me dejen gozar de mi mocedad si quieren envejecer serenamente: si no, prepararán mi perdición y su sepultura.

Pleberio se preguntó si debía elegir Melibea a su marido.

—¿Pero qué dices? —dijo Alisa—, ¿Qué sabe ella de hombres? ¿Qué sabe de casamientos, o de que juntándose hombre y mujer nazcan hijos? No: aceptará con placer a quien elijamos. Conozco a mi hija.

Melibea se llevó las manos a los oídos:

—Lucrecia, Lucrecia, corre, entra en la sala y detén su conversación. Interrúmpeles en sus alabanzas con algún mensaje falso, si no quieres que me ponga a dar voces como una loca. ¡No aguanto el concepto engañoso que tienen de mi ignorancia!

—Ya voy, señora.

Acto XVII

Elicia, en su casa, reflexionaba sobre su situación.

—Mal me va con este luto. Los hombres no visitan mi casa, no entran por la puerta regalos ni dinero. La culpa es mía, por no escuchar los consejos de Areúsa, que es muy sabia: no hagas ver dolor por quien no lo demostraría por ti. Sempronio se divertiría aunque yo muriera. Dejaré el luto y las lágrimas, me pondré mis vestidos alegres y me teñiré el pelo. Limpiaré la casa y barreré mi puerta, así se verá que terminé el luto.

Luego fue a visitar a Areúsa para saber si había hablado con Sosia. Justo en ese momento llamó el muchacho a la puerta, y Elicia se escondió. Areúsa lo recibió con muchos y fingidos halagos, con lo que perdió él la timidez:

—Señora, la fama de tus encantos es tal que si alguien piensa en una mujer hermosa, se acuerda primero de ti.

—Tú no necesitas lisonjas, que ya soy tuya. Amor mío, quería solo prevenirte contra la gente indiscreta: uno que conozco va diciendo que acompañas cada día a Calisto a casa de Melibea haciendo gran ruido. ¡Ten cuidado, no quiero que acabes como mi querido Pármeno!

—¡Oh, señora, mienten! —aseguró Sosia—, No pueden oírnos, que vamos por la noche cuando todos duermen. Además, hemos ido solo ocho veces.

—Mi amor, dime entonces qué días vais a ir, para poder acusar de mentiroso a aquel falso. Así sabré también que estás bien, pues quiero gozar contigo largo tiempo.

—Señora, esta misma noche a las doce, por la calle del vicario gordo, detrás de su casa.

Satisfecha con su respuesta, Areúsa lo echó de casa con una excusa. Cuando hubo salido las dos muchachas se burlaron de su estupidez y fueron a casa de Centurio para seguir con su plan.

Acto XVIII

Las dos muchachas llegaron a casa de Centurio. Para lograr ponerlo de su parte, fingieron que Elicia había convencido a Areúsa para ir y hacer las paces con él, pero que Areúsa se arrepentía nada más verlo.

—¿Por qué tengo yo que verlo o abrazarlo? El otro día yo necesitaba sus servicios en otro pueblo y me dijo que no.

—Señora, mándame algo de mi oficio: un desafío contra tres juntos, matar a un hombre, cortar una pierna o un brazo con mi espada... pero no me pidas que camine a otros lugares ni que te preste dinero, que no lo tengo. Ya ves dónde vivo que ni un mueble tengo. Te juro, señora Elicia, que yo hago todo lo que está en mi mano para contentar a Areúsa, pero nunca acierto. Anoche soñé que desafiaba a cuatro hombres, maté a uno y de los que huyeron, uno se fue sin un brazo. ¡Imagínate lo que haría despierto!

Areúsa aprovechó entonces para hacerle prometer que la vengaría de un caballero que las había enojado mucho: Calisto.

—Señora, no me digas más, que lo sé todo de sus amores y de los que han muerto por su causa. Mi espada, que ha llenado cementerios y hace ricos a los cirujanos de esta tierra, responde de mis acciones. Dime de qué muerte quieres que muera.

Las muchachas pidieron una muerte sin mucho bullicio* y él prometió que lo haría, por el amor de Areúsa.

Se despidieron entonces, y en cuanto salieron Centurio buscó la forma de escabullirse*:

- Ya sé: llamaré a Traso y sus compañeros. Les diré que estoy ocupado en otro negocio. Ellos irán a hacer ruido con las armas para que escapen los mozos; así no corro yo ningún peligro.

---

bullicio mucho ruido provocado por varias personas
escabullirse evitar cumplir con un deber

ACTIVIDADES

Comprensión lectora

1 **Elige la opción correcta.**

1 Melibea estaba inquieta porque...
A ☐ tenía miedo de sus padres.
B ☐ le daba miedo la oscuridad.
C ☐ tenía miedo por Calisto.

2 Melibea se quejaba porque Calisto...
A ☐ llegó tarde.
B ☐ le quitó la virginidad.
C ☐ quería estar con Lucrecia.

3 Tristán piensa que los señores...
A ☐ son desagradecidos.
B ☐ exageran con las aventuras nocturnas.
C ☐ deberían tener cuidado con los padres de Melibea.

4 Cuando reflexiona sobre la muerte de sus criados, Calisto...
A ☐ se preocupa por sus familias.
B ☐ teme por su honra.
C ☐ decide vengarles enseguida.

5 Areúsa y Centurio son...
A ☐ hermanos.
B ☐ vecinos.
C ☐ amantes.

6 Elicia siente sobre todo...
A ☐ rabia.
B ☐ curiosidad.
C ☐ sorpresa.

2 Coloca por orden cronológico estos sucesos.

1 ☐ Calisto entra por primera vez en el huerto de Melibea. Hacen el amor.

2 ☐ Sosia va a visitar a Areúsa. Hablan de las visitas de Calisto a Melibea.

3 ☐ Calisto se pregunta qué hacer para no perder su honra. Decide fingir que no estaba en la ciudad cuando sus criados fueron justiciados.

4 ☐ Areúsa y Elicia van a casa de Centurio. Le piden que mate o al menos asuste a Calisto y Melibea.

5 ☐ Se oyen ruidos en la calle. Calisto huye y vuelve a casa.

6 ☐ Elicia va a llorar a casa de su prima por la desgracia. Deciden vengarse.

DELE - Gramática y vocabulario

3 Elige la preposición adecuada.

1 «Querido Calisto, ven todas las noches _____ estas horas»
   a) en   **b)** a

2 «Hermosa doncella, _____ ti el mundo es feo»
   a) ante   **b)** desde

3 Calisto pensaba que podía contar _____ el juez.
   a) con   **b)** hasta

4 Elicia iba toda vestida _____ luto.
   a) con   **b)** de

5 Elicia y Areúsa fueron a ver a Centurio _____ pedirle un favor.
   a) para   **b)** por

6 Elicia reflexionó mucho _____ su situación.
   a) con   **b)** sobre

4 Completa estas frases exclamativas e interrogativas con los pronombres adecuados.

> cómo • por qué • qué (x 2) • adónde • cuánto • de quién

1 ¿_____no me presenté para vengar aquella injusticia?

2 ¡_____hemos de pagar por este brevísimo placer mundano!

3 ¿_____tiene de bueno este bellaco para que yo lo ayude?

4 ¿_____mejor que Calisto y Melibea podemos tomar venganza?

5 ¿_____sabe Melibea de casamientos, de hombres o de hijos?

6 ¿_____iré, que pierdo madre y amante, que era como un marido?

7 ¿_____puedo enterarme de los movimientos de Calisto?

Expresión escrita

5 Imagina que Melibea quiere ser sincera con sus padres y, cuando les oye hablar de matrimonio, les confiesa su amor por Calisto. Escribe una nota en la que Melibea se dirige a sus padres para contarles toda la verdad. Puedes empezar así:

Queridos padres, tengo que deciros algo muy importante.......

Acto XIX

▶ 8 Se acercaba la medianoche. Sosia, Tristán y Calisto se encaminaban hacia el huerto de Melibea.

—Tristán, hermano, mientras llegamos te contaré lo que me ha pasado con Areúsa. Soy el hombre más feliz del mundo. Ella había oído hablar tan bien de mí que me mandó llamar y allí me dijo que era tan mía ahora como lo era antes de Pármeno, y que debía ir a visitarla siempre. Es tan hermosa... no me lancé sobre ella por vergüenza de mis ropas raídas.

Tristán era menos inexperto y le abrió los ojos:

—Amigo, no es necesario un seso más maduro que el mío para darte consejo en este asunto. Esa mujer es una conocida ramera y sin duda aquí hay un engaño. Sus ofrecimientos fueron falsos: ¿por qué iba a amarte, si no eres rico, ni hombre de linaje? Ella seguro que quería sacarte un secreto para vengar a Pármeno. Todo por envidia de Melibea. ¡Malvada y engañosa mujer! Págale con la misma moneda

Sosia alabó la agudeza de Tristán y le agradeció el consejo. Habían llegado a su destino y colocaron la escalera para Calisto. Desde lo alto del muro, Calisto se deleitó escuchando cantar a Melibea y Lucrecia.

> *Papagayos, ruiseñores,*
> *que cantáis a la alborada*,*
> *llevad* nueva a mis amores*
> *que le espero aquí sentada.*
> *La media noche es pasada,*
> *y no viene;*
> *decidme si hay otra amada*
> *que lo detiene.*

---

alborada la salida del sol, el amanecer   **llevad nueva a mis amores...** decidle a mi amado

Saltó Calisto del muro y corrió a abrazar a Melibea.

—¡Oh, dulce sobresalto! ¿Es él, es mi señor y mi alma? ¿Dónde estabas, luciente sol? ¿Hacía mucho que escuchabas? ¿Por qué dejabas hablar a mi ronca voz de cisne*? Todo el huerto goza con tu venida: mira la claridad de la luna entre las nubes que huyen; oye el agua de esta fuente entre la hierba, mira las ramas de esos cipreses* que se saludan entre ellas movidas por el suave viento y mira sus quietas sombras, en las que esconderemos nuestro deleite.

—Señora y gloria mía, por mi vida, no ceses en tu canto.

—¿Qué quieres que cante, amor mío, si mi canto nacía del deseo de ti y ahora ya has venido? Y tú que eres ejemplo de buena crianza, ¿cómo mandas hablar a mi lengua y no a tus manos estar quietas? Ángel mío, deja mis ropas donde están, no me las destroces como sueles.

Se tendieron bajo los árboles y Lucrecia, espiándoles, se consumía de deseo:

—¡Yo aquí deshaciéndome de envidia y ella esquivándole a él para que suplique! Ya no hacen ruido, no necesitan que los separen. Y esos necios de sus criados nunca me lo pedirán a mí, que tendría que ir yo a buscarlos.

Melibea preguntó a Calisto si tenía hambre.

—Señora, no quiero nada más que tener tu cuerpo y tu belleza. Se puede comer y beber por dinero en cualquier lugar, pero en ningún lugar de la tierra como en este huerto está lo que no es vendible, ¿cómo me mandas que pase un momento sin gozar de ello? Querría que no amaneciera nunca, señora: tal es el placer y el descanso que recibo entre tus delicados brazos.

—Señor, soy yo la que gozo, yo la que gano; tú el que me haces con tu venida una incomparable merced.

De pronto, al otro lado del muro se oyeron voces y un gran alboroto:

—¡Ah, bellacos, rufianes! ¿Venís a provocar a quien no os teme?

---

cisne se decía que el canto del cisne era más bello cuando iba a morir; en la obra funciona como presagio de muerte

cipreses son los árboles que están en los cementerios; como en el caso del cisne, es un presagio de muerte

¡Esperad, que os haré marchar como os merecéis!

Calisto reconoció la voz de Sosia, que estaba ahuyentando a los hombres enviados por Centurio, y se levantó con gran prisa: quería ir en su ayuda, estaba solo con un paje* y no quería que lo mataran.

—¡Oh desventurada de mí, no te vayas sin tus armas, póntelas!

—Señora, lo que se logra con espada, capa y corazón, no lo hacen corazas, casco y cobardía.

Seguía Sosia gritando y persiguiendo a los desconocidos. Melibea intentaba detener a Calisto.

—¡Déjame, por Dios, señora, que la escalera está lista!

—¡Ay, desdichada! ¡Qué rápido te vas, y desarmado a luchar contra desconocidos! Lucrecia, ayúdame a echarle las armas por la pared, que se quedaron aquí.

Trepó Calisto a toda prisa por la pared y Tristán intentó detenerle desde abajo:

—¡Quieto, señor, no bajes, que se han ido! Eran Traso y otros bellacos que pasaban voceando. ¡Cuidado, señor, sujétate a la escalera con las manos!

Pero Calisto, con la prisa, perdió el equilibrio y se cayó desde lo alto de la escalera:

—¡Oh, válgame Santa María, muerto soy! ¡Confesión!

—¡Sosia, corre, que el desdichado de nuestro amo se ha caído de la escalera y no habla ni se mueve!

—¡Señor, señor, habla! Está tan muerto como mi abuelo. ¡Oh qué gran desgracia!

Al otro lado, en el huerto, las mujeres oían los gritos desesperados de Tristán:

—¡Oh, mi señor y mi bien muerto, despeñado*! Oh, triste muerte sin

---

paje criado joven que servía en casa   **despeñado** del verbo despeñarse, caerse desde un lugar alto

confesión. Sosia, recoge esos sesos de esas piedras, júntalos con la cabeza de este desdichado. ¡Oh, día aciago, oh terrible fin!

Melibea se volvía loca de inquietud:

—Oh desconsolada de mí, ¿qué terrible suceso llega a mis oídos? Lucrecia, ayúdame a subir a esta pared; tengo que ver mi dolor, o hundiré con alaridos la casa de mi padre. ¡Mi bien y mi placer se han esfumado, mi alegría está perdida!

Desde arriba preguntó Lucrecia a Tristán por qué lloraba.

—¡Lloro mi gran dolor! Cayó mi señor Calisto de la escalera y ha muerto, su cabeza está rota en tres partes. Pereció sin confesión. Díselo a su triste amiga, que no espere más a su amado. Sosia, cógele por los pies, llevemos el cuerpo de nuestro querido amo adonde no se dañe su honra. Vamos en compañía del llanto, de la soledad y del desconsuelo. Que vengan la tristeza, el luto y el dolor.

Melibea se revolcaba por el suelo arañándose la cara y mesándose* los cabellos. Lucrecia la ayudó a levantarse:

—Levanta señora, por Dios, que no te encuentre tu padre en tan sospechoso lugar, que te van a oír. No te desmayes, por Dios, ten valor para sufrir la pena como lo tuviste para el placer.

—¿No oyes lo que aquellos mozos han dicho? ¿Oyes sus tristes cantares? Se llevan rezando mi alegría muerta. No puedo vivir más. ¿Por qué no gocé más del gozo? ¿Por qué no aprecié más la felicidad que tuve en mis manos? ¡Oh ingratos mortales, solo reconocéis vuestros bienes cuando los perdéis!

Lucrecia la llevó a su habitación para acostarla y decidió inventar un mal del que poder hablar con Pleberio, porque aquel debían ocultarlo.

---

mesándose los cabellos arrancándose el pelo a causa del dolor por la muerte de Calisto

Acto XX

Lucrecia dejó a Melibea tendida en la cama y fue a la habitación de Pleberio a requerir su presencia con mucha prisa, porque temía que el anciano no iba a ver viva a su hija.

—Vamos rápido, abre la ventana que la pueda ver con claridad. ¡Hija mía! ¿Qué dolor sientes? Mírame, háblame, que soy tu padre, por Dios. Dime qué tienes para poder remediarlo. Ya sabes que eres mi único bien, abre los ojos y mírame. Tu madre se ha turbado tanto que es incapaz de venir.

—¡Ay, qué dolor! Tengo una llaga mortal en medio del corazón que no me deja hablar, y ha muerto mi remedio.

Pleberio le dijo que era demasiado joven para tener sentimientos propios de la vejez: la juventud era placer y alegría. Quiso llevarla a tomar el aire y a hablar con su madre para alegrarla.

—Padre, haré lo que quieras. Subamos a la azotea alta, quizá viendo los navíos* se me alivie la pena. Pero ruego que mandes traer también algún instrumento de cuerda con el que disminuya mi dolor cantando o tocando una alegre melodía.

Pleberio salió enseguida a por el recado y Melibea subió con Lucrecia a la azotea. Cuando estaban allí, mandó bajar a la criada a decir a su padre que se detuviera al pie de la torre para darle un recado para su madre. Cuando se quedó sola, cerró la puerta de la azotea.

—Me han dejado sola; he preparado bien mi muerte, ya siento algún alivio al saber que pronto estaremos juntos mi amado Calisto y yo. Todo se hará según mi voluntad; tendré tiempo de contar a mi padre el motivo de mi muerte. Ofendo su vejez y le causo un gran dolor con mi falta; lo dejo en un pozo de soledad. Quizá mi muerte disminuya los días de mis

---

navíos barcos; se supone que la acción transcurre en Salamanca, y por lo tanto serían pequeñas barcas que atravesaban el río Tormes

queridos padres, pero otros han sido más crueles con los suyos. Como Orestes★, que mató a su madre Clitemnestra o el cruel Nerón★ a su madre Agripina. Yo no soy parricida como ellos. Oh, Señor, tú sabes que es el amor que siento por Calisto lo me priva de la libertad y de los sentidos.

Desde abajo, Pleberio vio a su hija en la azotea y, preocupado, le preguntó qué hacía allí sola.

—Padre mío, no trates de subir, porque impedirás que te hable. En breve sufrirás un gran dolor por la muerte de tu única hija, ha llegado mi fin. Mi honrado padre, no necesitarás música para mitigar mi dolor sino campanas para anunciar mi muerte. Escucha lo que quiero decirte, y así podrás perdonar mi delito. Ya oyes el triste sentimiento que recorre la ciudad, el clamor de campanas y el alarido de gentes. Todo es por mi culpa. Yo cubrí de luto a las gentes, yo fui la causa de que la tierra goce antes de tiempo de la más noble y fresca juventud que existía en el mundo. Escucha: tú conociste al noble Calisto. Penaba por mi amor y para llegar hasta mí acudió a la sabia Celestina; gracias a ella Calisto llegó hasta mí. Vencida por su amor, lo dejé entrar en tu huerto y perdí mi virginidad. Gozamos de nuestro amor durante un mes, pero mientras estaba conmigo la noche pasada, se oyeron grandes ruidos en la calle y al bajar precipitadamente por la escalera que usaba para entrar cayó y dejó sus sesos esparcidos por el suelo. Cortáronle las hadas sus hilos, su vida y mi esperanza. Su muerte invita a la mía, ¡oh mi señor Calisto, espérame que ya voy! Oh amado padre, te ruego que nuestras sepulturas estén juntas. Dios quede contigo y con mi amada madre; a Él ofrezco mi alma.

Ante los ojos de su horrorizado padre, Melibea se lanzó al vacío.

Orestes Orestes mató a su madre porque ella y su amante, Egisto, mataron a su padre, Agamenón

Nerón mató a su madre Agripina porque esta quería impedir su boda con Popea

Acto XXI

Pleberio, con el cuerpo destrozado de su hija en los brazos, entró en su habitación, gritando desesperado. Alisa se sentó en la cama, espantada.

—¿Qué son estos alaridos, Pleberio? Me desmayé porque sentí que sufría nuestra hija, y ahora me despierta tu llanto. ¿Por qué hieres tu honrada cara? ¿Por qué quieres morir? Dímelo, si Melibea pena yo no quiero vivir.

—¡Ay, ay, noble mujer! ¡Nuestro bien está perdido, no queramos más vivir! ¡Oh mi hija, cruel es que yo viva más que tú! ¡Oh, duro corazón de padre! ¿Cómo no te rompes de dolor, pues has perdido a tu heredera? ¿Para quién construí torres? ¿Para quién planté árboles? Oh, ¿dónde encontrará amparo ahora mi desdichada vejez? ¡Oh, vida llena de miserias y congojas! Yo creía que te regías por un orden, pero ahora veo que eres un laberinto de errores, un desierto, una morada de fieras, un huerto sin frutos, una falsa alegría, un verdadero dolor. Mundo falso, prometes mucho y nada cumples. ¡Oh, hija mía! ¿Qué haré cuando encuentre tu habitación vacía, cuando te llame y no contestes? ¿Quién podrá sustituirte? ¡Oh, amor, amor! No pensé que tendrías la fuerza para matar a tus servidores. ¿Quién te dio tanto poder? Dulce nombre tienes, mas amargos hechos provocas. ¡Ay, Alisa, mi buena compañera! ¡Ay Melibea, mi hija despedazada! ¿Por qué no permitiste que evitara tu muerte? ¿Por qué no tuviste lástima de tu pobre madre? ¿Por qué me dejaste, cuando yo era quien te debía dejar? ¿Por qué me dejaste triste y solo en este valle de lágrimas?

Comprensión lectora

1 Escribe preguntas para estas respuestas.

1 ¿Por qué...?
Porque quería sacarle un secreto para vengar a Pármeno.

2 ¿Por qué no...?
Porque sólo quería tener el cuerpo y la belleza de Melibea.

3 ¿Por qué ....?
Porque no quería que mataran a Sosia.

4 ¿Cómo..?
Resbaló y se cayó de la escalera.

5 ¿Qué...?
Llevó a Melibea a la cama y fue a buscar a Pleberio.

6 ¿Cómo..?
Tirándose desde la azotea de la casa.

2 Une cada nombre o elemento con lo que representa en la obra.

1 ☐ cisne
2 ☐ cipreses
3 ☐ Orestes
4 ☐ huerto sin frutos
5 ☐ valle de lágrimas
6 ☐ hadas

a personaje mitológico que mató a su madre para vengar a su padre
b imagen clásica de la vida terrena, llena de sufrimientos
c animal hermoso y sensual
d árboles que representan la muerte; suelen estar en los cementerios
e personajes mitológicos, las Parcas, que eran las tres hilanderas que hilaban y cortaban el hilo de la vida
f un mundo en el que no está Melibea, que es el fruto de su vida

3 **Completa el monólogo de Melibea con las palabras adecuadas**

«Yo cubrí de luto (1) _____ las gentes, yo fui la causa
(2) _____ que la tierra goce antes de tiempo de la más noble
y más fresca (3) _____ que existía en el mundo. Escucha: tú
conociste al noble (4) _____. Penaba por mi amor y para
llegar hasta mí acudió a la sabia (5) _____; gracias a ella
Calisto llegó hasta mí. Vencida por su amor, lo dejé entrar en
mi (6) _____ y perdí mi virginidad. Gozamos de nuestro
amor durante un mes, pero mientras estaba conmigo la noche
(7) _____, se oyeron grandes ruidos en la calle y al bajar
precipitadamente por la escalera que usaba para entrar (8)
_____ y dejó sus sesos esparcidos por el suelo. Cortáronle
las hadas sus (9) _____, su vida y mi esperanza.
Su (10) _____ invita a la mía, ioh mi señor Calisto, espérame
que ya voy!»

1	**a)** de	**b)** a	**c)** -
2	**a)** por	**b)** -	**c)** de
3	**a)** joven	**b)** juventud	**c)** muchacho
4	**a)** Calisto	**b)** Pármeno	**c)** Pleberio
5	**a)** Elicia	**b)** Lucrecia	**c)** Celestina
6	**a)** cuarto	**b)** huerto	**c)** alcoba
7	**a)** pasada	**b)** atrás	**c)** antes
8	**a)** ha caído	**b)** caía	**c)** cayó
9	**a)** hilos	**b)** venas	**c)** pelos
10	**a)** morir	**b)** muerto	**c)** muerte

Gramática y vocabulario

4 **Escribe la forma del imperativo en estas frases.**

1 Sosia, _____ (pagar) a Areúsa con la misma moneda.

2 Papagayos, ruiseñores, _____ (llevar) esta noticia a mi amor.

3 Señora mía, por favor, no _____ (cesar) en tu canto.

4 Ángel mío, _____ (dejar) mis ropas donde están, no me _____ (destrozarlas) como sueles.

5 ¡Ah, bellacos, rufianes! ¡_____ (esperar), que os haré marchar como os merecéis!

6 ¡Oh desventurada de mí, no _____ (irte) sin tus armas, _____ (tú, ponerlas)!

7 ¡Quieto, señor, no _____ (bajar), que se han ido! Cuidado, señor, sujétate a la escalera con las manos.

8 Sosia, _____ (recoger) esos sesos de esas piedras.

9 Señora, por Dios, _____ (levanta) que te van a oír. No _____ (desmayarse), por Dios, _____ (tener) valor para sufrir la pena como lo tuviste para el placer.

5 **Este es un fragmento del planto de Pleberio. Subraya la opción correcta**

«¡Nuestro bien *es/está* perdido, no queramos más vivir! ¡Oh *mi/mía* hija, cruel es que yo viva más de *ti/que* tú! ¡Oh, duro corazón de padre! ¿*Cómo/Qué* no te rompes de dolor, pues has *perdido/perdida* a tu heredera? ¿*Para quién/Cómo* construí torres? ¿Para quién planté árboles? Oh, ¿dónde encontrará amparo ahora mi desdichada *mocedad/vejez*? ¡Oh, vida llena de miserias y congojas! Yo *creía/he* creído que te regías por un orden, pero ahora veo que eres un laberinto de errores, un desierto, una morada de *fieras/ferias*, un huerto sin frutos, una falsa alegría, un *cierto/verdadero* dolor. Mundo falso, prometes mucho y *ningún/nada* cumples. ¡Oh, hija mía! ¿Qué haré cuando *encontraré/enquentre* tu habitación vacía, cuando te llame y no contestes? ¿Quién podrá sustituirte?»

Expresión oral

6 **Trabajo de grupo en clase. Vais a reprensentar el guión de esta obra, y necesitáis hacer una descripción completa del decorado de las distintas escenas y de los personajes y su vestuario. Trabajad en parejas. Describid todo con detalles.**

Escenas

- huerto de Melibea
- casa de Celestina
- calle
- alcoba de Calisto, de Melibea y de Areúsa

Personajes

- Trajes, vestidos, zapatos, gorros
- Maquillaje
- Pelucas y otros accesorios: espadas, hilos ...

Expresión escrita

7 **El final de esta obra es trágico, ya que uno de los objetivos del autor era prevenir a los jóvenes sobre lo que podía suceder si actuaban sin cuidado. Imagina ahora que Calisto no se cae de la escalera e inventa los acontecimentos. Este es el final:**

... y el día de su boda fue el más feliz para Calisto y Melibea.

Guión de la tragicomedia

▶ 9 ACTO I

CALISTO, MELIBEA, SEMPRONIO, PÁRMENO, CELESTINA

Calisto entra en el huerto de Melibea siguiendo a su halcón.

CALISTO. — Melibea, en esto veo la grandeza de Dios.

MELIBEA. — ¿En qué, Calisto?

CALISTO. — En que la naturaleza te ha hecho perfecta y a mí me ha traído hasta ti. ¿Hay en el mundo hombre más afortunado que yo? Si Dios me sentara a su lado en el cielo no sería más dichoso.

MELIBEA. —¡Vete de aquí! Te mereces solo un castigo por tu atrevimiento. No perderé mi virtud por un hombre como tú

CALISTO. — ¡Oh, desgraciado de mí! La Fortuna me mira con odio cruel.

Calisto vuelve a su casa.

CALISTO. —¡Sempronio! ¿Dónde estabas, maldito? Prepara mi habitación, cierra la ventana y deja que la oscuridad me acompañe. ¡Oh, desdichado de mí!

SEMPRONIO. — (¡Oh, Dios mío! ¡Mi amo se ha vuelto loco!)

CALISTO. — Sempronio, trae el laúd y toca la canción más triste. Me tormenta un fuego terrible, peor que el del infierno. Ahora tengo un solo dios, que es mi amada Melibea.

SEMPRONIO. — Señor, no sufras por una mujer. Verás: cuando la consigas cambiarás de idea, la odiarás como ahora la amas. Pero yo cumpliré tu deseo. Conozco una vieja hechicera llamada Celestina, experta en mil engaños, capaz de hacer lujuriosas hasta a las piedras. Hablaré con ella.

CALISTO. — ¡Oh, ve enseguida, y no tardes! Te regalaré mi jubón.

Sempronio ha ido a buscar a Celestina y juntos han planeado obtener dinero a cambio de ayudar a Calisto. Llegan a su casa y llaman a la puerta.

PÁRMENO. — Señor, es Sempronio que llega con una vieja alcahueta y hechicera. Engaña a las muchachas y hace oscuras magias. Así se gana la vida.

CALISTO. — (Calla, Pármeno, ella será mi salvación) ¡Oh, noble señora! Ven, quiero besar tus manos. Te ofrezco este regalo, con él te doy mi vida. ¡Ayúdame en mi desgracia!

Da a Celestina cien monedas.

CELESTINA. — Tu generosidad será premiada. Quédate con Dios.

CALISTO. — Él te guarde.

ACTO II

CELESTINA, SEMPRONIO, ELICIA

Calisto ha enviado a Sempronio para acompañar a Celestina. Allí encontrarán a Elicia.

CELESTINA. — ¿A qué vienes, Sempronio?

SEMPRONIO. — Calisto está impaciente, teme que te retrases.

CELESTINA. — Eso sucede a los que aman. Pero no podemos equivocarnos en este negocio, tengo yo mucha experiencia y saldrá bien.

SEMPRONIO. — Pármeno es un traidor. ¿Nos ayudará?

CELESTINA. — Tranquilo, lo pondré de nuestra parte. Yo conocí a su madre, éramos como hermanas. Para convencerlo, le he prometido a Areúsa.

SEMPRONIO. — ¿Y conseguirás algo de Melibea?

CELESTINA. — Melibea es hermosa y Calisto está loco por ella. Él me pagará lo que le pida. Y Melibea al principio será esquiva, pero luego cederá. Entraré en su casa con la excusa de venderle un poco de hilado.

SEMPRONIO. — De acuerdo, ¡pero ten cuidado!

CELESTINA. — ¿Me quieres enseañar mi oficio? Anda, entra en casa.

ELICIA (*Irónica*) . — ¡Oh! Qué novedad, Sempronio. Me tienes siempre abandonada y hoy has venido dos veces, ¿cómo es eso?

CELESTINA. — Calla boba, déjale. Sube al desván. Trae un bote de aceite de serpiente, la soga de ahorcado, la piel de gato y un papel escrito con sangre de murciélago.

ELICIA. — Aquí tienes madre, yo ahora me voy a la habitación con Sempronio.

Celestina prepara una pócima mágica.

CELESTINA. — ¡Yo te conjuro, triste Plutón, dios de los infiernos! Obedece a Celestina, tu más fiel seguidora. Te conjuro por la fuerza de estas letras de sangre y por el veneno de las serpientes de este aceite. ¡Ablanda el corazón de Melibea, que ame a Calisto! Allá me voy, contigo enredado en estos hilos.

ACTO III

CELESTINA, MELIBEA, SEMPRONIO

Celestina entra en la habitación de Melibea.

CELESTINA. — Señora, vengo a venderte un poco de hilado. ¡Oh, qué florida juventud! Goza de ella mientras puedas, hermosa. La vejez trae solo enfermedad y muerte.

MELIBEA. — ¿Por qué hablas mal de la vejez? Todos desean alcanzarla.

CELESTINA. — Es desear cansancio, dolores y enfermedades.

MELIBEA. — ¡Qué triste es lo que

dices! Pero me he alegrado de verte. Toma tu dinero y vete con Dios.

CELESTINA. — ¡Oh, graciosa y generosa doncella! Debo decirte que no he venido por mí sino por un enfermo que sanará con una palabra tuya.

MELIBEA. — No te entiendo, pero dime. ¿De qué se trata?

CELESTINA. — Hay un noble caballero en esta ciudad que se llama Calisto...

MELIBEA. — ¡Ya, ya, vieja desvergonzada, alcahueta, barbuda! ¡No digas más! ¡No quiero oír hablar de ese loco! ¿Cómo te atreves a tanto?

CELESTINA. — ¡Cálmate, por Dios! Déjame terminar lo que quería decirte. Calisto tiene un terrible dolor de muelas. Necesita una oración y ese cordón tuyo que ha tocado todas las reliquias de Roma y Jerusalén.

MELIBEA. — ¿Y por qué no lo dijiste antes? Toma mi cordón. La oración te la daré mañana,

ven en secreto.

CELESTINA. — Te lo agradezco, señora. Con tu permiso, me voy.

Por la calle se encuentra con Sempronio

SEMPRONIO. — ¡Celestina! Nunca te vi pensativa y hablando entre dientes. Dime qué noticias tienes.

CELESTINA. — Ven conmigo a casa de Calisto. Oirás maravillas. Y aunque tú tendrás una partecilla, quiero yo todo el provecho por mi trabajo.

SEMPRONIO. — (¡Oh, vieja codiciosa! Me quiere engañar como a Calisto. Pero no le dejaré).

CELESTINA. — Vamos, entremos en vuestra casa, que Calisto estará loco con mi tardanza.

ACTO IV

CALISTO, CELESTINA

Entran en casa de Calisto, que corre ansioso a recibirles con Pármeno.

CALISTO. — Señora mía, cuéntamelo todo enseguida o toma mi espada y mátame.

CELESTINA. —¿Espada? Yo te traigo la vida con las buenas esperanzas que traigo de tu amada. Fui a su casa a vender hilado y quedé a solas con ella.

CALISTO. —¡Oh, fortuna! ¿Y qué hiciste?

CELESTINA. — Al principio me insultó y se mostró turbada y como loca. Pero yo sabía que estaba cerca de rendirse. Luego le dije que tenías dolor de muelas. Y que necesitabas una oración. Me prometió dármela mañana.

CALISTO. —¡Oh, mujer astuta y maravillosa! ¡Qué alegría!

CELESTINA. — Aún hay más. Le pedí el cordón de su cintura para ayudarte a sanar. Aquí está.

CALISTO. —¡Oh, Celestina! Te daré todo lo que pidas. ¡Oh, cordón! ¡Qué suerte tienes por poder tocar el cuerpo de mi amada! ¡Eres mi medicina!

CELESTINA. — Señor, no hagas locuras. Ahora devuélvemelo: es solo un cordón, no es Melibea. Pero yo te la entregaré. Mañana iré a por la oración.

CALISTO. — Quedo triste sin él. Pármeno, acompaña a Celestina a su casa.

ACTO V

CELESTINA, PÁRMENO

Pármeno y Celestina van por la calle.

CELESTINA. — Pármeno, escucha. Para mí eres como un hijo, yo te cuidé cuando eras niño. Tu madre y yo éramos como hermanas. No le hables a Calisto contra mí. Eres joven, yo te ayudaré cuando lo necesites. Y deberías ser amigo de Sempronio. Los amigos siempre se ayudan y se dan buenos consejos. Sempronio y tú podréis venir a mi casa y divertiros juntos con mis muchachas.

PÁRMENO. — ¿Muchachas? ¡Oh! ¿Te refieres a Areúsa?

CELESTINA. — Sí. Mira, esta es su casa. Entremos. Esta noche será tuya.

ACTO VI

CELESTINA, ELICIA, SEMPRONIO, AREÚSA, PÁRMENO, LUCRECIA

Sempronio y Pármeno, ya reconciliados, llegan a casa de Celestina. Van a comer con ella y las muchachas lo que le han robado a Calisto.

CELESTINA. — ¡Oh, mis perlas de oro! ¡Muchachas, bajad, han llegado!

ELICIA. — ¿Y por qué no se quedaron en su casa? Ya hace tres horas que esperamos. Seguro que es culpa de Sempronio, que no quiere verme.

SEMPRONIO. — Calla, mi vida, mi amor. Quien a otro sirve no es libre. Vamos a comer.

CELESTINA. — Comed, que a mí con un poco de vino me basta, así estaré alegre.

SEMPRONIO: Mientras comemos debemos hablar del asunto de Calisto y la hermosa Melibea.

ELICIA *(enfadada).* — ¡Vete de aquí, enojoso! ¿Hermosa Melibea? Claro, porque tiene hermosos vestidos.

AREÚSA. — Es verdad, si la miras sin sus cremas da asco. Tiene las tetas como una que ha parido tres veces, y el vientre flojo. ¿Qué habrá visto en ella Calisto?

SEMPRONIO. — No es lo que se oye en la ciudad...

CELESTINA. — Ya vale, dejad de pelearos, por Dios. ¿Como está Calisto?

PÁRMENO. — Desesperado, loco. Está rezando por ti.

CELESTINA. — Pues déjalo, que me pagará bien: los enamorados, sobre todo si son ricos, no temen gastar sus dineros.

Llaman a la puerta. Entra Lucrecia.

LUCRECIA. — ¡Buen provecho a todos! Dios bendiga a tanta

gente honrada. Celestina, yo venía a por el cordón de mi señora. Y a pedirte que vengas a verla. Se siente mal y con dolor de corazón.

CELESTINA. — Conozco yo esos males. Anda, vamos rápido.

ACTO VII

MELIBEA, CELESTINA, CALISTO, PÁRMENO, SEMPRONIO

Celestina y Lucrecia entran en la habitación de Melibea.

MELIBEA. — ¡Oh, vieja sabia y honrada! Necesito tu ayuda como el hombre a quien llevaste el cordón.

CELESTINA. — ¿Qué mal tienes, señora?

MELIBEA. — Madre, unas serpientes me muerden el corazón.

CELESTINA. — (Eso es lo que yo quería. Pagarás la ira del otro día, loca).

MELIBEA. — ¿Qué dices, madre? ¿Cuál es mi mal? Jamás tuve un dolor así.

CELESTINA. — Señora, tu dolor se llama amor dulce. Es un fuego escondido, una agradable herida, una blanda muerte. Pero no me atrevo a decirte su remedio.

MELIBEA. — Di, no temas.

CELESTINA. — Calisto. (*Melibea se desmaya*) ¡Ay de mí! Melibea, ¿qué desmayo es este? ¡Levántate! ¡Lucrecia, ayúdame, rápido! ¡Trae agua!

MELIBEA. — Calla, no grites más, ya pasó. No puedo ocultar lo que ya sabes, maestra. Amo a Calisto. ¡Oh, Celestina, haz que pueda verle!

CELESTINA. — Verle y hablarle. Por entre las puertas de tu casa, esta noche. A las doce.

MELIBEA. — Pues ve, amiga, y dile que venga en secreto.

CELESTINA. — Adiós, me voy que viene tu madre.

Celestina encuentra a Calisto con Sempronio y Pármeno saliendo de la iglesia.

CELESTINA. — Señor, traigo buenas noticias para tu corazón. Melibea es tuya.

CALISTO. — ¿Qué oigo? ¡Oh, qué felicidad! Señora, toma esta cadenilla por tu trabajo.

PÁRMENO. — (a Sempronio) ¿La llama cadenilla? Solo mi parte vale medio marco de oro.

SEMPRONIO. — Calla, que nos van a oir.

CELESTINA. — Gracias, señor. Melibea te ama y desea verte. Esta noche ve a su casa, a las doce. Ahora me voy, si me necesitas llámame.

SEMPRONIO. — Mira cómo corre la vieja con el oro. Pero que tenga cuidado: si no reparte, le arrancaremos el alma.

ACTO VIII

Calisto y sus criados, de noche, llegan a casa de Melibea. Calisto se acerca a la puerta.

CALISTO. — ¡Oh, señora mía Melibea! Soy tu siervo, Calisto.

MELIBEA. — Señor, he venido para despedirme de ti. No quiero que destruyas mi fama.

CALISTO. — ¡Oh, triste de mí! ¡Celestina me ha engañado! ¿No dijo que mi señora me amaba?

MELIBEA. — Calla, señor. No llores de tristeza, porque mi corazón sufre más. Lo que dijo Celestina es cierto, querría verte más que hablarte. Haz conmigo lo que quieras.

CALISTO. — ¡Oh, señora de mi corazón! Deja que mis criados rompan esta puerta cruel.

MELIBEA. — ¡No, amor mío! ¿Quieres dañar mi nombre? Ven mañana y entra por el muro de mi huerto, a esta hora. Te espero.

CALISTO. — Sí, me voy, que oigo ruidos. Vendré mañana. Queda con Dios, amada mía.

Calisto, Pármeno y Sempronio vuelven a casa. Calisto se acuesta y los mozos deciden ir a casa de Celestina a por su parte de la cadena de oro.

SEMPRONIO. — Mira, esta es su ventana. ¡Señora Celestina, ábrenos! Somos tus hijos.

CELESTINA. — ¡Oh, locos traviesos! ¿Cómo venís a estas horas? ¡Está amaneciendo! ¿Dónde está Calisto?

SEMPRONIO. — Si no fuera por nosotros, estaría muerto.

CELESTINA. — ¡Jesús! ¿A tanto peligro os habéis enfrentado? Contádmelo, por Dios.

PÁRMENO. — Traemos la sangre hirviendo porque nuestros enemigos huyeron.

SEMPRONIO. — Sí, y tenemos las armas rotas. Necesitamos dinero para comprar otras nuevas. Calisto ya ha pagado mucho por este negocio de sus amores. Danos nuestra parte de la cadena.

CELESTINA. — ¿Estás en tu seso, Sempronio? ¿Tengo yo que pagar vuestras armas con el fruto de mi trabajo? No, es todo mío. Además, Elicia ha perdido la cadena y creemos que nos la han robado.

SEMPRONIO. — Déjate de engaños, vieja avara. Danos nuestra parte si no quieres que acaben aquí tus días (*saca la espada*).

ELICIA. — ¿Qué haces, loco? ¡Guarda la espada!

CELESTINA. — ¡Elicia, Elicia! Dame mi manto que llamo a la justicia, me amenazan en mi propia casa. (*Se acerca a la ventana*) ¡Justicia, señores vecinos! ¡Me quieren matar estos cobardes!

SEMPRONIO. — ¿Cobardes? ¡Espera, señora hechicera, que yo te mando al infierno! (*Le clava la espada*).

CELESTINA. — ¡Ay, ay! ¡Confesión, confesión! (*Cae al suelo, muerta*).

ELICIA. — ¡Oh, crueles enemigos! ¡Que os condenen al infierno! ¡Muerta es mi madre y mi bien todo!

SEMPRONIO. — ¡Huye, huye! ¡Se oye mucha gente fuera! ¡Viene la justicia a por nosotros!

PÁRMENO. — ¡Oh, la puerta está tomada! ¡No podemos salir!

SEMPRONIO. — ¡Saltemos por la ventana, no muramos en poder de la justicia!

ACTO IX

Calisto se despierta y llama a sus criados. Acuden Tristán y Sosia.

CALISTO. — ¡Oh, qué bien he dormido! ¡Qué noche tan feliz me espera! Tristán, ve a llamar a Sempronio y Pármeno.

TRISTÁN. — Señor, no los he visto esta mañana. Ahí viene Sosia, él nos dirá algo.

SOSIA. — (*Llorando*) ¡Oh, qué triste día! ¡Pobres mozos!

TRISTÁN. — ¿Qué dices? ¿Qué ha pasado?

SOSIA. — Vengo de la plaza. ¡Han degollado públicamente a Pármeno y Sempronio como a dos delincuentes!

CALISTO. — ¡Oh, válgame Dios! ¿Pero qué dices? ¡Esta noche han estado conmigo!

SOSIA. — Los pregones dicen su delito. Han matado a Celestina. Su criada dice que fue por no repartir una cadena de oro que tú le diste.

CALISTO. — ¡Oh, qué desastre, mi honor y mi fama en boca de todos! Ayer era feliz y hoy desgraciado. ¿Qué haré? Pensaré solo en Melibea, ella es mi gozo. Esta noche iré a su huerto con estos mozos.

ACTO X

Elicia, vestida de luto, va a casa de Areúsa.

AREÚSA. — Mi querida prima, ¿qué ha pasado? ¿Quién te ha vestido de dolor y de luto?

ELICIA. — Oh, tengo el corazón más negro que el manto. ¡Ay, hermana, que no puedo hablar! Sempronio y Pármeno ya no viven. Los han justiciado en la plaza porque dieron mil cuchilladas a Celestina. ¡Mataron a mi madre!

AREÚSA. — ¡Oh, dolorosa noticia! ¡Oh, pérdida irreparable!

Pobre vieja... y pobre Pármeno, amor mío. Prima, cálmate, no podemos hacer ya nada.

ELICIA. — ¡Ay, yo rabio, yo pierdo el juicio! Pierdo madre y amante. ¿Adónde iré? Lo que más me duele es que Calisto y esa sucia de Melibea gozan cada noche en secreto mientras yo muero.

AREÚSA. — Calla, no podemos remediarlo pero podemos vengarnos. Deja que hable con mi amigo Centurio: si yo se lo pido, él hará cualquier cosa.

ELICIA. — Sosia es un tonto ingenuo: nos dirá dónde y a qué hora se encuentran.

AREÚSA. — Enviaré a Centurio para que les amargue los amores. Los matará si es necesario.

ACTO XI

Calisto sube al muro del huerto de Melibea con una escalera. Tristán y Sosia esperan abajo. Melibea está cantando.

CALISTO. — ¡Oh, señora mía, qué dulce canto! ¡No te detengas! Ven entre mis brazos.

MELIBEA. — ¡Oh, qué hermosa sorpresa! ¿Dónde estabas, amor mío? Ven, mira la luna clara. Esta fresca hierba será nuestro lecho y los árboles esconderán nuestro amor.

CALISTO. — Sí amada mía, ¡ojalá nunca amanezca!

Se oyen grandes ruidos al otro lado del muro.

SOSIA. — *(gritando)* ¡Bellacos, rufianes! ¡Venid, que no os tengo miedo! ¡Os daré vuestro merecido!

CALISTO. — Ese es Sosia, señora. Dame mi capa, tengo que ir a ayudarle, no sea que lo maten. ¡Déjame ir, señora, rápido!

MELIBEA. — ¡Por Dios, no vayas sin armadura! ¿Como vas tan acelerado a luchar contra quien no conoces? ¡Ay, desdichada de mí!

TRISTÁN. — *(a Calisto, que está en lo*

alto del muro) ¡Quieto, señor! ¡No bajes, que ya se han ido! Sosia ha vuelto. ¡Cuidado, señor! ¡Agárrate bien a la escalera! ¡Cuidado!

CALISTO. — *(se cae)* ¡Oh, Santa María! ¡Muerto soy! ¡Confesión!

TRISTÁN. — ¡Sosia, ven rápido! ¡Nuestro amo se ha caído de la escalera, ha muerto!

LUCRECIA. — *(desde el huerto)* ¿Qué desgracia es esta? Tristán, ¿por qué lloras sin mesura?

TRISTÁN. — ¡Ay, mi señor despeñado, muerto! Dile a su amada que no lo espere más. Sosia, coge los sesos de esas piedras y ponlos en su cabeza. Llevemos su cuerpo adonde no pueda ser deshonrado. ¡Que llegue el luto y el dolor!

MELIBEA. — *(en el suelo, arañándose la cara)* ¿Has oído? ¡Ay, desgraciada, la más triste! ¿Por qué no gocé más cuando pude? ¡Se llevan muerta mi alegría! ¡No puedo seguir viviendo!

LUCRECIA. — Señora, cálmate que te va a oír tu padre. Levántate, que no te encuentren en el huerto. Vamos. Melibea, ya en casa, sube a la azotea.

MELIBEA. — Pronto estaré con mi amado Calisto. Que nadie impida mi muerte, ha llegado la hora de mi descanso. La ciudad se ha cubierto de luto, el más hermoso de los jóvenes, mi amor, ha muerto. ¿Podría yo seguir viviendo? ¡Oh, mi amo y señor Calisto! ¡Espérame, ya voy! ¡Pobres padres míos tan amados, este es el fin de vuestra hija y el principio de vuestro sufrimiento! Dios quede con vosotros. A Él ofrezco mi alma.

Melibea se tira desde la torre y muere.

Fernando de Rojas

Fernando de Rojas nació en Toledo hacia 1476 y pertenecía a una familia de antiguos conversos judíos. Este detalle se conoce a través de algunos documentos encontrados. Pero no se sabe a ciencia cierta quién fue su padre: algunos creen que fue Hernando de Rojas, un hombre a quien la Inquisición condenó a muerte por ser judío en 1488, y otros que fue Garci González Ponce de Rojas, un asturiano.

Su familia, de todos modos, no debía tener muchos problemas económicos ya que pudo ir a estudiar a la Universidad de Salamanca, donde estudió Leyes y se convirtió en Bachiller tras seis años de estudios. Salamanca era en aquel momento un importantísimo centro cultural cuya Universidad era una de las más importantes de toda Europa. Fernando de Rojas estaba rodeado por un intenso ambiente humanístico muy dinámico, sin duda participaba en tertulias con escritores de la época y llegó a ser un hombre culto que leyó a los clásicos latinos y españoles y a autores como Boccaccio y Petrarca. De este último poseía todas sus obras en latín.

El autor desconocido

Consiguió el título de Bachiller hacia el año 1500 y unos años después se trasladó a Talavera de la Reina, donde se casó con Leonor Álvarez, con la que tuvo seis hijos. Allí ejerció de jurista y hombre de negocios con un gran éxito, hasta su muerte.

En realidad, una gran parte de la información que ha llegado hasta nosotros proviene de su testamento: dejó una enorme herencia a su familia, que incluía una gran biblioteca.

Es curioso que, a pesar de que la Celestina tuvo un gran éxito en toda España y en varios países europeos cuando Rojas aún estaba vivo, no se conoce ninguna otra obra escrita por el autor. Es más: en su propia biblioteca solo tenía una copia del libro.

Jurista y hombre de negocios

Fue durante la época en la que estudió Derecho en la universidad, cuando Fernando de Rojas "terminó" la Comedia de Calisto y Melibea: él mismo afirma en su «Carta del autor a un su amigo» que encontró el manuscrito del primer acto y decidió terminar la obra durante unas vacaciones porque le había gustado mucho y para distraerse. Además, declara dos presuntos autores para ese manuscrito: Juan de Mena y Rodrigo Cota. Pero esto no parece posible, ya que el estilo de estos dos escritores era muy diferente al del primer acto de La Celestina. Los críticos y estudiosos de la obra no se ponen de acuerdo sobre la autoría de la obra: algunos dicen que Fernando de Rojas fue el único autor, pero que afirmó lo contrario solo por modestia o por miedo a la Inquisición. Pero para otros hay claras diferencias entre el primer acto y los restantes, tanto de tipo lingüístico como por las fuentes literarias en las que se inspiran. Esta última es la opinión más generalizada, pero no sabemos en realidad quién es el autor del primer acto.

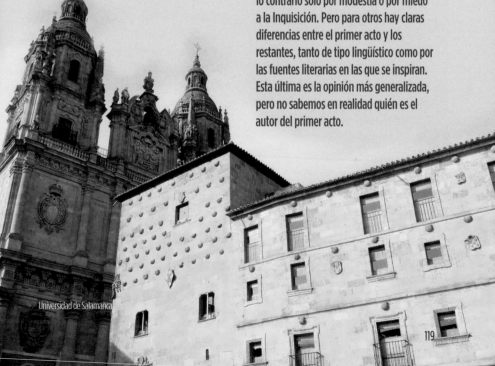

Universidad de Salamanca

El inicio del Renacimiento

La Celestina, cuya primera edición data de 1499, apareció en un momento muy importante para la historia de todo el mundo: en esa misma década Cristóbal Colón descubrió un Nuevo Mundo. Además, en España se cierra la Edad Media e inicia el Renacimiento literario. Sus temas principales, además de la regeneración del país y el "problema de España", serán la vida y la muerte, y la religión.

La rendición de Granada

Un año importante

El año **1492** es una fecha en la que suceden acontecimientos cruciales para la historia. En España reinaban los Reyes Católicos: Isabel de Castilla y Fernando de Aragón. A ellos se debe la unificación del Reino de España, al unir sus respectivos reinos con el matrimonio. Por eso, la España de finales del s. XV era fuerte tanto económica como militarmente: los Reyes Católicos eran unos grandes estrategas.

En **1492**:
- el genovés Cristóbal Colón, que había propuesto a los Reyes Católicos la financiación de su viaje a las Indias atravesando el Atlántico, descubre el 12 de octubre unas nuevas tierras a las que llamó "Indias Occidentales": se trata del continente americano;
- en España termina la Reconquista. Los Reyes Católicos derrotan al sultán de Granada. El de Granada era el último reino musulmán que quedaba en España; los árabes habían llegado en el año 711 conquistando toda la península;
- todos los musulmanes y los judíos – que tenían un gran poder económico - fueron expulsados de España. Si querían permanecer debían convertirse al cristianismo.

Cristóbal Colón y los Reyes Católicos

Entre Edad Media y Humanismo

En La Celestina se reflejan muchos de los cambios que se estaban produciendo en aquella época. Estaban llegando las ideas humanistas desde el resto de Europa, sobre todo desde Italia. Se pasaba del teocentrismo medieval, en el que la moral cristiana estaba por encima de todo, a las nuevas ideas en las que el hombre era el centro del Universo: el individuo era libre y, como en la cultura clásica greco- latina, la sensualidad y el hedonismo tomaban importancia. Por eso el autor de La Celestina, influenciado por la vida intelectual de la Salamanca culta pero conociendo también la realidad social del momento, crea unos personajes que dejan de ser los tipos y figuras típicas de la literatura medieval para pasar a mostrar una profundidad psicológica propia, e incluso cambiar de opinión o de personalidad durante la obra.

Juan de Nebrija

Sociedad de contrastes

Celestina y todos los personajes que la rodean reflejan de alguna forma la sociedad de la época. A pesar de la prosperidad del Reino, los nobles y comerciantes eran quienes poseían bienes pero los campesinos no poseían casi nunca las tierras y ganados con los que trabajaban. Las ciudades estaban llenas de personas sin recursos que se ganaban la vida como podían. Criados, prostitutas, mendigos, pícaros y magas o curanderas que se aprovechaban de la superstición de las gentes convivían en las incipientes ciudades con nobles para los que el honor y la buena fama eran esenciales.

Además, en aquella época existía una tremenda persecución religiosa. Durante siglos en España habían convivido cristianos, musulmanes y judíos. Sin embargo en 1478 se creó la Inquisición para perseguir a quienes no fueran cristianos, y desde 1492 los llamados "infieles" tenían que convertirse al cristianismo si querían permanecer en el país. Aun así, los conversos y los moriscos (judíos y musulmanes convertidos, respectivamente) tuvieron una vida muy dura: eran vigilados, perseguidos, marginados y no podían ejercer cargos públicos.

La vida de la obra

La Celestina fue un "best seller" de su época, y ha tenido influencias en muchísimos autores posteriores.

Las versiones

La que se considera como primera edición fue impresa en Burgos en 1499. Se conserva sin la primera hoja, pero se cree que se titulaba *Comedia de Calisto y Melibea*, como las siguientes ediciones: la de Toledo (1500) y la de Sevilla (1501). Estas ediciones tenían las octavas acrósticas, el resumen de la obra, y dieciséis actos.

La obra tuvo muchísimo éxito para aquella época y Fernando de Rojas hizo importantes cambios para las seis ediciones que se publicaron en 1502 en Salamanca, Sevilla y Toledo. Según dice el autor, los lectores le pidieron los cambios. La obra pasó a llamarse *Tragicomedia de Calisto y Melibea y de la puta vieja Celestina* porque aunque tenía características de comedia, tenía un final trágico y no feliz. Además, añadió otros cinco actos nuevos «para que se alargue el deleite de los amantes»: así aumentó los diálogos entre los criados y las muchachas, y entre Calisto y Melibea y añadió el personaje de Centurio.

Para entender el éxito de la obra, a la que se llamó enseguida La Celestina porque la vieja era el personaje más conocido, basta con decir que entre 1499 y 1634 en España hubo hasta 109 ediciones. ¡Un récord para la época! Además hay que contar las 24 ediciones en francés, 19 en italiano, dos en alemán, una en latín clásico y hasta una en hebreo.

Maja y Celestina, Francisco de Goya

La primera edición de *La Celestina*

Influencias

Durante el s XVI surgieron segundas partes de *La Celestina* que no tuvieron mucho éxito, como resurrecciones de Celestina o prostitutas que tomaban su nombre. Así, aparecieron títulos como *Segunda Celestina* de Feliciano de Silva o *La hija de Celestina* de Alonso Jerónimo de Salas Barbadillo. Tuvo una amplísima influencia en la literatura posterior. Su estilo y temática influenció toda la novela picaresca (*El Lazarillo de Tormes*), en Miguel de Cervantes (*El Quijote*), en Lope de Vega (*La Dorotea*) y muchos otros. Se dice que incluso pudo influenciar en la obra *Romeo y Julieta* de William Shakespeare.

Celestina, al igual que personajes como Don Quijote y Don Juan, se ha convertido en un arquetipo que no ha desaparecido en el lenguaje actual. Si «tener un comportamiento quijotesco» es actuar de forma alocada, fuera de lo común o ser un idealista, y «ser un donjuán» es ser un seductor con una vida amorosa intensa, «hacer de celestina» significa actuar como intermediario en una relación amorosa entre dos personas.

123

La Celestina en el arte

La Celestina
(Pablo Picasso, 1881-1973)

Maja y celestina en el balcón
(Francisco de Goya, 1746-1828)

Trata de blancas
(Joaquín Sorolla, 1863-1923)

En este retrato de su época azul representa a la protagonista de una de sus obras preferidas. Lo realizó en Barcelona, en un momento duro para él: el periodo azul manifiesta la tristeza que sentía el autor por la muerte de un querido amigo. Picasso vio una Celestina humana, en un momento de soledad que le deja la vejez: precisamente representa uno de los temores de la protagonista de la obra, que es el paso del tiempo y los achaques que deja en los viejos. Pablo Picasso firmó, además, una edición francesa de *La Celestina* con grabados suyos originales, que realizó en 1971.

En este cuadro del pintor zaragozano se ve a una maja (una muchacha) hermosa con sus mejores vestidos, con una mirada que quizá desee una vida mejor. La vieja que está tras ella es una celestina, es decir una mujer que vende a la muchacha. De hecho, la anciana mira al espectador, ofreciendo a la maja. Francisco de Goya representó la figura de la celestina también en *Bien tirada está, Mejor es holgar* o *Bellos consejos,* que son tres de sus Caprichos. Los Caprichos eran una serie de 80 grabados en los que criticaba la sociedad de la España del siglo XVIII.

Sorolla realizó este cuadro en 1894. En él se ve a una celestina con sus muchachas: en esta pintura el pintor trata un tema de realismo social y de denuncia.

Música

Existen, además, dos óperas líricas inspiradas en *La Celestina*. El catalán Felip Pedrell escribió en 1903 la *Tragicomedia lírica de Calisto y Melibea* en 4 actos, y en los años 90 el músico cubano Joaquín Nin-Culmell (1908-2004) compuso y escribió el libreto de la ópera en tres actos *La Celestina*.

Cine

En 1996 el director Gerardo Vera y el guionista Rafael Azcona realizaron la película La Celestina, que tuvo como protagonistas a Terele Pávez, Juan Diego Botto, Penélope Cruz, Maribel Verdú y Jordi Mollá.

TEST FINAL

1 **¿Recuerdas los detalles de la obra? Responde verdadero o falso.**

		V	F
1	Melibea rechazó amablemente a Calisto en su primer encuentro.	☐	☐
2	Un laúd es un instrumento musical.	☐	☐
3	Pármeno presentó Celestina a Calisto.	☐	☐
4	Elicia ocultó a Crito en la cuadra.	☐	☐
5	Celestina había sido prostituta cuando era joven.	☐	☐
6	Celestina tiene dinero que el padre de Pármeno le dejó en herencia.	☐	☐
7	Calisto le regaló a Celestina 100 monedas y un cordón de oro.	☐	☐
8	Claudina era una muchacha que trabajaba para Celestina.	☐	☐
9	Melibea finge que no sabe quién es Calisto cuando Celestina la visita.	☐	☐
10	Celestina cree que su situación actual es mejor que la pasada.	☐	☐
11	A Calisto le duelen las muelas.	☐	☐
12	Celestina al principio ya planeaba no compartir las ganancias.	☐	☐
13	Los diablos tenían miedo de la madre de Pármeno.	☐	☐
14	Areúsa era una muchacha inocente y frágil.	☐	☐
15	Elicia no quería aprender el oficio de Celestina.	☐	☐
16	Calisto y Melibea se veían en la alcoba.	☐	☐
17	Los padres de Melibea no sospechaban nada de lo que sucedía.	☐	☐
18	Sempronio y Pármeno querían escapar de la justicia saltando por la ventana.	☐	☐
19	Elicia quería vengarse de Calisto y Melibea.	☐	☐
20	Calisto y Melibea mueren juntos.	☐	☐

TEST FINAL

2 **Lee las definiciones y completa este crucigrama.**

1 Sinónimo de hechicera.
2 Muchacho joven que hace los trabajos de la casa.
3 Esta criada encubría los amores de Melibea.
4 Mujer que favorecía amores ilícitos.
5 Lugar en el que se encontraban Calisto y Melibea.
6 Otra forma de decir «rojo».
7 Cortar la cabeza.
8 Enfermedad de quienes no pueden ver.
9 Calisto es hermoso como este personaje mitológico.
10 Cumplido, halago que se hace a una persona para obtener algo.

PROGRAMA DE ESTUDIOS

Temas
Amor
Astucia, picaresca
Avaricia
Magia y brujería
Sociedad

Destrezas
Expresar emociones y sentimientos
Expresar opiniones
Describir personas y lugares
Expresar probabilidades
Contar experiencias pasadas
Hablar de intenciones futuras
Narrar un evento que ha sucedido
Hacer un menú
Inventar una historia a través de datos y detalles

Contenidos gramaticales
Pretérito Perfecto Simple
Pretérito Indefinido
Pretérito Imperfecto
Imperativo afirmativo y negativo
Presente Subjuntivo
Adjetivos y pronombres demostrativos, posesivos e
indefinidos.
Oraciones condicionales simples
Oraciones comparativas
El Futuro Imperfecto
Los verbos ser/estar
Las preposiciones por/para
Comparativos y superlativos
Marcadores temporales
Uso del Condicional Simple como futuro de probabilidad
Frases hechas y expresiones idiomáticas